외국인 직접투자
21세기 글로벌 트렌드

차례
Contents

왜 외국인 직접투자인가

동북아 경제중심 국가 건설, 외국인 직접투자(FDI, Foreign Direct Investment) 유치, 1인당 국민소득 2만 달러. 2003년 2월 참여정부 출범 이후 우리 사회에 가장 자주 등장하는 구호들이다.

그러나 실상은 어떤가. 경제성장률이 2%대로 급락하고, 홈쇼핑의 이민상품 판매에는 구름 같은 인파가 몰리며, 외국기업의 투자는 현저하게 줄고 있다. 오히려 국내에 있는 우리 기업들이 앞다퉈 공장을 해외로 옮기는, 이른바 '한국판 엑소더스(exodus)' 열풍이 불고 있다. 대기업은 물론 중소기업마저 너나할것없이 정부 규제가 없고 노조의 입김이 약하며 임금과 땅값이 싼 외국으로 나서고 있는 것이다. 이러다간 21세기 한국의 미래에는 어두운 잿빛이 드리우고야 말 것이라고 우려하는 목소리가 높아지고 있다. 이런 마당에 외국인 직접투자는 우리에게 무슨 의미가 있는 걸까?

외국인 직접투자 문제는 지난 1997~1998년의 IMF 외환위기 극복과정 때부터 빈번하게 등장한 주제이다. 당시 외국인 직접투자는 다급한 외환부족 사태를 해결하고 부실 덩어리로 방만해진 기업의 구조조정 수단으로서 어느 정도 그 역할을 다했다는 평가를 받았다.

문제는 미국의 신경제(new economy) 열풍이 가라앉은 후 지난 2001년경부터 본격화된 세계적인 동시 불황의 여파로 한국으로 들어오는 외국인 직접투자가 갈수록 격감하고 있다는 사실이다. 반면 미국과 일본을 위협하면서 욱일승천의 기세로 '세계의 공장'으로 부상하고 있는 중국에는 외국인 직접투자가 눈에 띄게 몰리고 있다. 이런 추세가 계속된다면 자칫 한국은 진보진영에서 비판하는 미국의 종속국가가 아니라 중국의 일개 지방 정부 정도에 그칠지도 모른다는 우려가 식자들 사이에서 터져 나오고 있다.

1960년대 초반 한국전쟁으로 폐허가 된 이 땅에 경제개발의 나팔 소리를 울린 지 40여 년 만에 세계 12위권의 경제대국으로 올라선 한국경제는 이제 가격과 물량이 아니라 생산성과 품질을 바탕으로 세계시장에서 정면승부를 펼쳐야 하는 건곤일척의 시기를 맞고 있다. 바꿔 말해 국민소득 2만 달러의 선진국으로 진입하려면 새 산업 창출과 핵심 기능의 국내 산업기반 유지, 산업의 첨단화·고부가가치화라는 고통스런 '성장통'을 이겨내야 하는 것이다.

이런 상황에서 외국인 직접투자는 한국경제 선진화에 필요한 '구원군'이자 '촉매제'라는 측면에서 새롭게 재조명될 필요가 있다. 외국인 직접투자는 초일류 글로벌 기업들로부터의 기술전파는 물론 경영기법, 기업윤리, 글로벌스탠더드 등 선진 소프트웨어를 흡인할 수 있는 창구이자 배움의 장이 될 수 있는 것이다. 아울러 이것은 우리 산업의 질적 도약이라는 화학적 변화를 가속화하면서 개별 기업들의 글로벌 역량을 한 단계 높일 수 있는 기회이기도 하다.

물론 국내의 독자적인 산업기반이 와해된 채 외국기업과 자본에 의해 국내시장이 잠식되는 것은 바람직하지 않다는 반론도 설득력을 가진다. 하지만 외국인 직접투자를 활용해 우리 기업의 경쟁력을 세계 수준으로 키우고 몸집을 불리거나 가볍게 한다면 보다 큰 이익이 될 수도 있고, 이를 통한 국가신인도 향상과 더불어 한국경제의 지속적인 성장이라는 부수적 효과도 기대된다. 아울러 공장 건설을 하는 외국기업과 자본이 국내로 많이 들어올수록 우리나라에 대한 국제적인 안전보장도도 높아질 것이다.

현재 미국과 중국 같은 세계적인 강대국부터 아일랜드 같은 소국까지, 세계의 모든 나라들이 고용창출과 경제발전을 위해 외국인 직접투자에 나서고 있으며, 한 푼이라도 더 많은 외국인 투자 자본을 유치하기 위해 필사적인 노력을 경주하고 있다. 더구나 국적(國籍)을 불문하고 생산 주체가 가장 자유롭게 효율적으로 활동하는 것을 최고의 미덕으로 삼고 있는 글로벌 경제구도가 진전되고 있는 현재의 상황에서 우리가 잠시나마 멈춰 선다면 자칫 경쟁력의 미아가 될 수도 있다.

활짝 열린 '외국인 직접투자 전쟁시대'에 우리가 살아나갈 방책은 무엇인가? 과연 외국인 직접투자 선진국들은 어떻게 움직이고 있으며, 우리가 배워야 할 것으로는 어떠한 것들이 있는가? 이제부터 하나씩 해답을 찾아보자.

외국인 직접투자의 개념과 등장 배경

지금 세계는 총성 없는 전쟁중

> 인구 2,000만 명이 넘는 전세계 30개 경제권 중, 한국의
> 외국인 직접투자 실적 꼴찌(30위).

2003년 5월 신문방송 등 국내 언론매체들은 스위스 국제경영개발연구소(IMD)가 공개한 '2003년 세계 경쟁력 연감'을 인용해 이런 제목이 달린 기사를 큼지막하게 다뤘다. 세계 시장에서 한국과 경쟁하고 있는 중국은 8위, 대만은 15위, 태국은 19위로, 모두 한국을 크게 앞지르고 있다는 내용도 나란히 실렸다.

유엔무역개발회의(UNCTAD)가 같은 해 8월 공개한 '2002년 국가별 외국인 직접투자 순위'(누적액 기준)를 봐도 한국의 '실력'은 별반 차이가 없다. 1990년에 50억 달러이던 우리나라의 외국인 직접투자는 2002년에는 440억 달러로 9배 정도 늘어 누적액 기준으로 29위를 차지했다. 그러나 이는 중국과 홍콩은 물론 싱가포르, 일본, 말레이시아 등에 비해 모두 뒤진 것이다. 대만을 앞선 것이 그나마 위안거리일 뿐이다.

이 자료에서 한 가지 눈에 띄는 것은 중국의 외국인 직접투자 실적이 괄목상대할 정도로 수직상승하고 있다는 사실이다. 이 자료를 보면 중국은 1990년에 비해 18배 정도 늘어난 4,480억 달러로 미국, 영국, 독일에 이어 4위를 차지했다. 더욱이 인접한 중화권 국가인 홍콩을 포함한다면 총 8,810억 달러로 1조 3,510억 달러의 미국에 이어 2위이다. 또한 중국은 이미 2002년 한 해 동안에만 527억 달러의 외국인 직접투자를 유치해 단일 연도 기준으로는 미국을 따돌리고 가장 많은 외국인 직접투자 유치 실적을 올렸다.

경제조사 예측전망 기관인 포캐스트(4Cast) 앨런 러스킨 소장은 "중국이 저가 수출로 시장을 교란한다고 비난하는 외국인들이 오히려 앞장서 대중국 투자를 늘리고 있다"며 "이런 추세가 이어지면 중국은 누적액으로도 조만간 미국을 제치고 외국인 직접투자 1위 국가 자리에 등극할 것"이라고 전망했다.

실제로 중국의 외국인 투자유치 활동은 매우 적극적이어서 2003년 초부터 10월까지만 중국의 산둥[山東], 광둥[廣東],

후베이[湖北], 장쑤[江蘇], 랴오닝[遼寧]성을 포함해 10개가 넘는 성[省]들이 한국을 찾아 직접투자 유치설명회를 열었다. 전국경제인연합회 김범중 중국 담당 과장은 "2003년 하반기 들어 중국 지방 성이나 시는 매일 공식문서로만 1-2건씩, 전화 문의까지 합하면 하루 5-6건씩 대한(對韓) 투자 유치설명회 개최 문의를 해온다"고 말했다.

국내에 들어와 한국기업을 대상으로 외국인 직접투자 유치를 위한 '러브 콜'을 보내는 국가는 중국만이 아니다. 영국의 경우, 2002년 말 런던 시 사무소를 낸 데 이어 2003년 10월 초 남동 잉글랜드 투자사무소를 열었고, 현재 상주(常駐) 투자사무소를 두고 있는 지방자치단체만 6곳이다. 미국은 버지니아·워싱턴·조지아·노스캐롤라이나 등을 포함한 18개 주 정부 사무소 등이 활약하고 있으며, 독일은 바이에른·브레멘·베를린 등 3개의 주 정부 투자유치 사무소를 개설해놓고 있다.

특히 영국은 지난 1990년대까지의 대기업 위주 외국인 직접투자 유치방식에서 벗어나 게임, 모바일, 통신 등 중소 벤처기업과 정보기술(IT) 기업을 적극 공략해 큰 성과를 거두고 있다. 주한 영국대사관 최학 상무관은 "지난 2000년 7건에 그쳤던 한국기업의 대영 직접투자는 2002년에 12건으로 늘었고, 현재 성사 단계인 것만 14개"라고 말했다.

물론 이런 사정은 한국에만 적용되는 현상이 아니다. 한 예로 지난 2001년에는 약 5,500명의 고용을 창출하는 BMW 공장 유치를 위해 프랑스, 독일, 체코 등 유럽 각국의 250개 지역이 12개월 동안 피눈물 나는 유치 경쟁을 벌인 일이 있었다. 유럽연합(EU) 집행위원회 측은 이를 성사시키기 위해 보조금 지급 허용을 결정했을 정도이다. 또, 브라질에서는 지방자치단체들이 과도한 보조금을 지불하며 외국기업 유치 경쟁에 나서 국부 유출 논란까지 빚어지고 있다.

유엔무역개발회의는 2003년 9월에 내놓은 분석 자료를 통해 "지난 2002년은 세계 각국의 외국인 직접투자 관련 법규가 1990년 이래 가장 급격하게 완화된 해"라고 규정했다. 쌍무투자협정, 이중과세방지협정 등을 통해 투자 장벽을 낮추려는 노력이 급증하고 있다는 것이다.

이처럼 세계 각국에서는 지금 외국인 직접투자 유치를 늘리기 위한 '총성 없는 전쟁'이 갈수록 격렬해지고 있다. 도대체 외국인 직접투자는 무엇이며, 왜 이렇게 해당 국가들이 한 푼이라도 더 많이 외국자본을 끌어들이기 위해 발버둥치고 있는 것일까?

쉬운 예로 구슬치기 놀이를 빌려 설명한다면, 외국인 직접투자란 옆집 골목 아이들이 구슬(자본)을 들고 우리 골목으로 와서 구슬 놀이를 하는 것과 같다고 할 수 있다. 외국기업이 해당 국가에 돈(자본)을 들고 들어와서 그 나라 경제의 한 플레이어(player, 참가 주체)로 참여하는 것이다.

외국인 투자는 시장(市場)에 개입하는 방식에 따라 직접투자와 간접투자의 두 종류로 나눌 수 있다. 간접투자는 일명 포트폴리오(portfolio) 투자로 주식시장에서 주식을 사고 팔아 차익(差益)을 남기려는 투자이다. 가령 증시에서 외국인이 얼마를 팔고 얼마를 샀느니 할 때 그 투자가 '간접투자'인 셈이다.

반면 직접투자는 외국인이 한국에 회사를 세우거나 경영참가, 기술제휴 등을 목적으로 해당 국가의 기존 기업에 출자(주식 취득)를 하는 것을 말한다. 간접투자의 주목적이 시세 차익인 반면, 직접투자는 회사를 통해 제품을 만들어 파는 등 기업활동을 위한 것이라는 차이점이 있다.

IMF 위기 당시 한국 경제를 쥐락펴락했던 단기 투기성 자본, 이른바 헤지펀드(Hedge Fund)들이나 그 이후 신규 진출이나 기존 기업의 인수합병을 통해 제조업·금융서비스업 등에 진출한 외국자본 모두 외국인 투자 범주에 포함된다.

이런 외국인 직접투자는 경제의 세계화가 심화되면서 전세계적으로 일상적인 현상으로 굳어지고 있다. 예컨대 맥도날드나 피자헛 같은 패스트푸드점부터 까르푸 같은 대형할인점이 한국에 진출해 있는가 하면, 대우자동차에 세계 최대의 자동차회사인 제너럴모터스(GM)가, 외환은행과 한미은행에 독일 코메르쯔뱅크와 미국 시티그룹이 각각 수천 억 원의 돈을 투자한 것이 단적인 사례이다.

우리가 눈여겨보아야 할 것은 외국인 직접투자의 효용성이 갈수록 커지고 있으며 여기에 관심을 갖고 다양한 정책적 노력을 경주하는 국가들이 계속 늘고 있다는 사실이다.

찰스 험프리 전 주한 영국대사는 "외국기업이 투자하면 우선 사람들의 일감이 크게 늘어나 고용 문제를 해결할 수 있고,

제품을 만들어 팔거나 이익을 남길 때는 자국기업과 마찬가지로 세금을 내기 때문에 세수가 늘어 나라 살림에도 큰 보탬이 되며, 외국기업이 질 좋은 제품 개발경쟁을 하기 때문에 국민 생활 수준 향상과 기업경쟁력 향상은 물론 수출증가 효과도 상당하다"면서 외국인 직접투자의 효과를 긍정적으로 평가한다.

LG전자나 삼성전자가 1990년대 초·중반 각각 영국 웨일즈와 윈야드 지방에 공장을 지을 때 영국 최고 방송사인 BBC가 이를 톱뉴스로 보도하고, 엘리자베스 영국 여왕 등이 공장 기공식에 직접 참석한 것도 이런 '1석 4·5조'의 효과 때문이라는 것이다.

외국인 직접 투자유치는 그런 점에서 우리 경제의 성장 잠재력을 보여주는 '리트머스 시험지'라고 할 수 있다. 한국 경제의 좌표는 외국인 투자라는 투입(input)을 통해 재정비되지 않으면 세계적인 글로벌 소싱(global sourcing) 체제나 세계적 산업 재편 과정에 능동적으로 참여하기 어려운 구조이다.

그래서 '한국의 외국인 투자시장' 형성은 곧 우리나라가 고부가가치를 창출하고 세계경영의 중심 무대로 도약할 수 있는가 없는가의 여부를 가늠하는 잣대라고 할 수 있다.

외국인 직접투자는 기업환경 '성적표'

그런데 각 나라들이 투자유치를 위해 살인적인 경쟁을 벌이다보니, 해당 기업들 사이에서는 조건을 꼼꼼히 따져보는 분위기가 자연스레 형성되고 있다. 값싸고 실력 있는 인력이 있는지, 사회 기반시설은 잘 돼 있는지, 외국인이 기업하기에 좋은 풍토인지 하는 것들이 단골 체크 리스트에 올라와 있는 것들이다.

'잘되는 집(국가)에 손님(외국기업)이 붐빈다'는 속담처럼, 외국인 직접투자 실적은 곧 그 나라의 기업환경 수준을 보여주는 '척도(barometer)'라고 할 수 있다. 외국인 직접투자 실적이 높거나 증가 추세에 있다면 그만큼 그 나라의 비즈니스 환경이 양호하며 앞으로의 전망도 밝다는 의미이다. 반대로 외국인 직접투자 실적이 하락하고 있다면 그 나라 경제의 앞날을 위해 기업 분위기를 쇄신할 필요성이 높다는 반증이 되는 것이다.

외국인 직접투자가 해당 국가경제에 결정적으로 중요하다는 사실은 외국투자 제조기업들의 역동적인 경영성과를 통해서도 간접적으로 증명된다. 산업연구원(KIET)이 국내에서 활동중인 외국인 투자 제조기업 1,317개사를 대상으로 조사한 '2001년 외투기업 경영실태' 조사 결과를 보면, 외투기업들은 지난 2001년 말 기준으로 국내 제조업 전체 매출의 약 15%를 차지하며, 특히 의약과 석유정제·전기 및 전자업종의 경우 외투기업의 생산 비중이 20-38%에 달한다. 또, 이들이 고용하고 있는 임직원들은 국내 제조업 종사자의 8.3%에 달하는데, 이는 100명 중 8명 이상이 외국인이 직접 투자한 기업에서 일하고 있다는 말이다. 이는 5년 전인 1997년과 비교해 매출액은 두 배 정도, 고용인원은 7만 명이 증가한 것이다. 이렇게 볼 때 외국인 직접투자는 국민경제에 중추적 역할을 하고 있는 셈이다.

한편, 외국인 직접투자는 외국에서 직접 자본이 들어오기 때문에 해당 국가가 외환부족 사태를 이겨내는 데도 상당한 이바지를 한다. 지난 1997년 말 외환위기로 국가부도 사태에 봉착했던 우리나라는 2002년 말까지 293억 달러의 외국인 직접투자 유입으로 외환위기를 성공적으로 극복할 수 있었다.

이런 점에서 외국인 직접투자는 여러 가지 긍정적 측면이 훨씬 더 많은 '보약' 같은 존재라고 할 수 있다. 특히 장기 불황의 여파로 청년층의 실업난이 심각해지고 기업의 해외 이전 등으로 한국 내 일자리가 계속 줄어드는 상황에서, 외국투자 자본과 외국기업의 한국진출은 고용창출이라는 '가뭄에 단비' 같은 역할을 하고 있다. 아울러 외국인 직접투자를 통해 한국 기업들이 선진기술을 자연스럽게 이전받을 수 있는 기회도 늘어날 것으로 기대된다. 첨단 고부가가치 제품의 수출 활성화와 선진 경영기법 전수에 따른 국내기업의 동반 발전 효과도 빼놓기 힘든 외국인 직접투자의 매력이다.

우리나라의 외국인 직접투자 유치 역사

한국의 현대 경제개발 과정에서 외국인 직접투자가 본격적으로 전개된 것은 언제부터일까? 또, 외국인 직접투자의 한국 경제에 대한 기여도는 어느 정도나 되는 것일까?

외국인 직접투자 문제를 다루고 있는 산업자원부와 KOTRA (옛 대한무역투자진흥공사) 등에 따르면 우리나라의 외국인 직접투자 유치 노력은 1960년대 초반까지로 거슬러 올라간다. 한국전쟁 이후의 비참한 상황을 딛고 본격적인 경제 개발을 추진하는 과정 중에 외국인 직접투자에 대한 필요성이 제기됐기 때문이다. 실제로 정부는 1961년 6월 외자도입 전담 기구로 경제기획원 물동계획국 경제조사과를 신설했다. 그해 10월 경제기획원 내에 외자도입국이 설치된 것도 그런 몸부림 중의 하나이다.

통계적인 의미에서 외국인 직접투자에 대한 통계가 작성되고 관리된 것은 1962년부터였다고 한다. 당시 외국인 직접투자와 관련된 법안은 1957년에 만들어진 재무부의 '외자도입 법안'이었다. 그러나 이 법안은 외국투자가에 대한 제한조건이 지나치게 많다는 이유에서 얼마 되지 않아 폐기됐다. 그 뒤를 이어 미국의 노엘 사전트(Noel Sargent) 박사가 고문이 되어 작성한 새로운 안을 기초로 1960년 '외자도입 촉진법'이라는 새 법률이 만들어졌는데, 이것이 사실상의 효시로 꼽힌다. 이 법안은 외국인 직접투자 등록기업의 법인세, 소득세, 호별세, 가옥세, 어업세, 취득세 등에 대해 업무 개시일로부터 5년 동안은 전액 면제, 6~7년째의 2년간은 2/3 면제, 8년째 되는 해에 1/3 면제 등의 혜택을 부여하고 있다.

하지만 당시에는 외국인 직접투자가 국내 산업에 대한 외국기업의 지배와 이를 통한 한국경제의 대외 예속을 초래한다는 부정적인 시각이 압도적으로 우세했다. 또, 유입된 외국자본의 국내 자금 흐름을 정부가 통제하기 쉽다는 점에서 외국인 직접투자보다는 '차관'이 더 매력적인 존재로 인식되었다. 자립적인 국내 산업기반이 거의 없는데다 국가 주도 경제개발을 추진하는 단계에서 외국 직접자본 유치는 위험성이 크다는 판단이 형성된 탓이었다. 그렇기 때문에 당시에 외국인 직접투자 건수는 1년에 10건을 밑돌았다. 한일 국교 정상화가 이뤄졌던 1965년에 투자건수가 다소 증가했지만 여전히 투자활동은 저조했다.

기록으로 남아 있는 우리나라에 대한 최초의 외국인 직접투자는 1962년 6월 29일 신고된 미국인 투자가의 자동차 회사에 대한 투자이다. 그러나 투자자 이름은 기록되어 있지 않고 투자금액이 300만 달러라는 것만 알려지고 있는데, 투자를 받은 한국법인은 자동차 제조회사인 아세아자동차 공업이었고, 전체 지분 가운데 투자비율은 50%였다.

외국인 투자자가 확인된 최초의 외국인 직접투자는 1962년 8월 4일 신고된 Chemtext Inc.사의 한국나이롱에 대한 투자이다. 당시 출자금액은 57만 5,000달러였고, 투자비율은 역시 50%였다.

이 시기에는 외국인 직접투자가 외자도입 전체에서 차지하는 비중이 대체로 낮았다. 1962~1969년 사이에는 2.8%, 1970년대에는 4.9%에 불과했고, 1980년대에는 8.6%로 그 비중이 다소 늘었지만 전체적으로는 아직도 차관의 비중이 절대적이었다.

우리나라 정부가 외국인 직접투자에 관한 입장을 조정한 것은 1980년대 들어서였다. 1980년대 초 미국 레이건 행정부를 중심으로 한 고(高)이자율 정책과 이에 따른 강한 달러 정책기조가 달러 기준으로 표시된 개발도상국 외채에 대한 원리금 및 이자 상환 부담을 가중시켰기 때문이다. 그 결과 멕시코를 시작으로 남미의 개도국들이 원리금 상환 일정에 대한 재조정을 요구하는 이른바 외채위기가 도래했다.

정부는 이런 상황에서 외국인 직접투자 억제와 차입 위주의 외자조달 정책을 재정비하기 시작했다. 그래서 1984년부터 외국인 직접투자 허용방식을 허용업종 나열방식(positive system)에서 금지업종 나열방식(negative system)으로 바꿔 업종 개방을 위한 기본 여건을 갖추었으며, 일정 조건 아래에서는 외국인 직접투자에 특별한 인가절차가 필요 없는 자동인가제를 도입하는 등 이전보다 적극적인 외국인 직접투자 유치정책으로 외자도입 방향을 선회했다.

하지만 이런 정책 방향의 변화가 근본적으로 외자도입 방식의 초점을 외국인 직접투자로 전환했다고 보기는 힘들다. 1990년대 중반까지 외국인 직접투자가 한국경제에서 차지하는 비중은 여전히 매우 낮은 수준이었다. 1995년까지 외국인 직접투자가 GDP에서 차지하는 비중은 2.3%로 당시 세계 평균(9.9%) 및 개발도상국 평균(14.1%)과는 비교할 수 없을 정도로 낮았던 것이다. 즉, 외국인 직접투자의 증가 속도는 한국경제의 성장 속도에 훨씬 못 미쳤다고 할 수 있다.

반면 중국의 경우, 외국인 직접투자가 GDP에서 차지하는 비중은 1985년 당시 3.4%로 한국(2.3%)과 비슷했으나 1995년에는 19.6%, 1998년에는 27.6%로 급상승했다. 우리나라는 같은 10년 동안 2.1%에서 6.0%로 증가하는 데 그쳤다. 이는 중국이 경제개혁 개방 조치를 실천하기 위해 외자유치에 전향적인 자세를 취한데다, 우리 정부는 1980년대 중반부터 급격히 확산되기 시작한 전세계의 외국인 직접투자 확산 추세를 사실상 외면한 데 따른 업보라고 할 수 있다.

이런 측면에서 한국의 외국인 직접투자 역사는 시기별로 6단계로 구분할 수 있다. 첫 번째 시기인 1962~1965년은 외국인 직접투자를 포함한 외국자본의 조달 규모가 크지 않았고 활동도 미미한 시기로 '외국인 직접투자 초창기'로 명명된다.

두 번째 시기인 1966~1979년은 일본으로부터 투자가 급격히 확대되고 일본투자의 비중이 전체 투자의 절반 이상을 차지하는 시기로 '일본투자 확대기', 세 번째 시기인 1980~1984년은 미국으로부터 투자가 가장 큰 비중을 차지하며 미국의 외국인 직접투자가 가장 활발해지는 '미국투자 확대기'이다.

네 번째 시기인 1985~1989년은 일본의 투자가 다시 확대되기 시작하는 '일본투자 부흥기', 다섯 번째 시기인 1990~1996년은 유럽연합 국가로부터의 투자가 가장 큰 비중을 차지하는 'EU 투자 확대기', 여섯 번째 시기인 1997년 이후는 외국인 직접투자가 급속도로 확대되는 '외국인 직접투자 팽창기'라고 할 수 있다(김창규 등저, 『외국인 직접투자 얼마나 알고 계십니까?』,

에드코이㈜, 2002, pp.32-35 참조).

뭐니뭐니해도 외국인 직접투자의 결정적인 분수령이 된 것은 1997년의 외환위기였다고 할 수 있다. IMF 금융위기는 대기업들이 설비투자 증설에 필요한 자금을 차입조건이 훨씬 유리한 단기 외국자본으로 조달하고, 금융기관들은 적절한 여신 심사 기능을 수행하지 않은 채 무차별적으로 대출금을 늘려갔던 데 근본적인 문제의 뿌리가 있다고 할 수 있다. 이는 동시에 기존의 차관 위주 투자재원 조달방식이 얼마나 취약하고 위험스러웠던 것인가를 단적으로 보여주는 사례이기도 하다.

1998년 출범한 김대중 정부는 외국자본의 조달방식에 대한 뼈아픈 반성을 거친 후, 외국인 직접투자를 근간으로 하는 자본조달 방식을 새로운 대안으로 채택했다. 다시 말해 IMF 금융위기에 의해 거의 파멸 직전까지 갔던 한국경제의 돌파구를 외국인 직접투자에서 찾고 모든 정책적 역량을 여기에 집중한 셈이다. 실제로 IMF 금융위기는 같은 기간 동안 급격하게 유입된 외국인 직접투자에 의해 신속하게 진정됐다. 뿐만 아니라 채권투자 회수나 단기 차입 회수에 따른 외환 유동성의 부족분도 상당 부분 보충됐다.

일례로 1998~1999년 2년 동안 채권투자 금액 90억 달러 이상, 기타 투자 금액 170억 달러 이상에 해당하는 외환이 빠져나갔지만, 외국인 직접투자는 총 159억 달러가 유입돼 외환의 급격한 유출이 국내 경제에 가져올 충격을 줄이는 데 상당한 기여를 했다.

그러나 더욱 주목할 만한 것은 1990년대 후반부터 외국인 직접투자를 통해 한국에 몰려온 외국기업들이 탁월한 경영 실적을 올림으로써 한국기업들의 '벤치마킹' 모델로 자리매김하고 있다는 사실이다. KIET(산업연구원)의 조사분석에 의하면 2001년 현재 한국에서 활동중인 외국인 투자기업(제조업)의 매출액 대비 순이익률과 자기자본 대비 순이익률은 각각 0.78%와 6.8%를 기록했다. 이는 같은 기간 국내 제조업체의 평균(0.01%, 0.62%)과 현격한 격차를 보이는 것이다.

물론 주한 외국기업의 수익성이 한국기업보다 양호한 것은 수익성 높은 업종에 집중 투자한 덕분이겠지만, 이 밖에도 투명 경영, 능력 위주 인사, 효율적인 노무관리 같은 선진 경영 기법도 작용했다고 할 수 있다. 산업자원부 이승훈 국제협력 투자국장은 "업체당 평균 5~6년씩 한국시장을 면밀히 분석한 다음 진출하는 것도 하나의 성공 요인"이라고 분석했다.

결론적으로 정리하자면, 이제 우리 경제에서 외국인 직접투자를 더 이상 외국자본의 침탈이나 국내 산업의 잠식이라는 시각에서 보기는 곤란하다. 경제학에서 '악화(惡貨)가 양화(良貨)를 구축한다'는 이른바 그레샴의 법칙이 작용한다고 볼 때, 외국인 직접투자가 과연 악화냐 양화냐 하는 논란은 최소한 현재 시점에서 종지부를 찍었다고 단언할 수 있다. 전문가들이 내놓는 견해를 요약하자면, 외국인 직접투자는 100% 신뢰할 만한 순수 양화는 아닐지라도 최소한 양화로 기여할 가능성이 훨씬 높은 '기회의 재화'라고 보는 게 타당하지 않을까 싶다.

한국경제, 혈액이 부족하다!

날로 초라해지는 한국의 외국인 직접투자 성적표

2003년 7월의 어느 날 저녁. 서울 강남구 삼성동 인터컨티넨탈호텔의 한 연회장에서는 미국계 이민 서비스회사인 W사의 한국지사 설립 축하연이 열리고 있었다. 그러나 주인공인 미국인 C 회장과 이 모 한국지사장의 표정은 그다지 밝아 보이지 않았다. 당초 계획대로라면 이미 영업을 시작했어야 하지만 서류가 몇 번씩 퇴짜를 맞아 영업 허가조차 받지 못한 탓이다. 두 사람은 모두 미국 변호사 자격증을 갖고 있었지만 한국의 독특한 법률과 담보 관행 앞에서는 무용지물이나 마찬가지였다. 더구나 미국에서 한국으로 2만 5,000달러를 송금한

데 대해 한국의 모 은행이 "사용처가 분명치 않으면 국세청이 세무조사를 할 수도 있다"는 경고장까지 보낸 것이다. 미국인 C 회장은 "돈을 보낸 나라에서는 아무 말도 않는데 돈을 받은 나라에서 세무조사 운운하는 이유를 모르겠다"며 "한국이 외국인에게 투자 문호를 개방한 게 맞느냐"고 허탈해했다.

한국에서 이런 사례는 비일비재하다. 그리고 그 결과는 당장 외국인 직접투자 유치실적으로 직결되고 있다. 2003년 7월 초 한국은행은 같은 해 5월까지 실제 들어온 외국인 직접투자 금액은 4억 2,100만 달러로 지난해 같은 기간의 절반 수준에 불과하다고 발표했다. 우리나라로 들어온 외국인 직접투자액 (실제 유입액 기준)이 1997년 28억 달러, 1998년 54억 달러, 1999년 93억 달러, 2000년에는 92억 달러로 순풍에 돛 단 듯 급증세를 보이던 것과 비교하면 천당에서 지옥으로 추락한 것이나 마찬가지이다. 특히 최근 2~3년 사이의 실제 유입액은 매년 반 토막 수준으로 떨어지고 있다. 이런 현상은 어떻게 받아들여야 할까?

삼성경제연구소 권순우 박사의 설명에 따르면, 과거 1960 ~1970년대 한국경제 발전을 일으킨 원동력은 외국에서 돈을 빌려 쓰는 이른바 '차관'이었다. 그래서 '차관 경제'라는 말까지 생겨났다. 그러나 1990년대 이후 한국경제를 움직이는 동력은 외국자본이다. 특히 단기성 증권투자가 아닌 직접투자야말로 한국경제가 계속 뻗어나가는 데 절대 필요한 '혈액'과 같은 존재인 것이다.

따라서 위의 분석을 뒤집어 생각해보면, 현재 우리 경제를 돌리기 위한 필수요소인 혈액부족 사태가 벌어질 위험성이 갈수록 높아지고 있다고 할 수 있다. 한마디로 한국경제의 이상을 알리는 '적색(赤色) 신호등'이 울리고 있는 것이다.

한국의 '외국인 직접투자 성적표'를 외국과 비교해보면 초라한 실상이 더 선명하게 드러난다. 2002년 말 우리나라의 외국인 직접투자가 국내총생산(GDP)에서 차지하는 비중은 9.2%로 OECD 30개국 전체 평균인 14%의 2/3 수준에 불과했다.

이런 실정은 우리나라가 1960년대에 본격적인 경제개발에 착수했을 때 상당 부분을 차관 등에 의존했으며, 외국인 직접투자로 눈을 돌린 역사가 상대적으로 짧아 누적 규모도 상대국보다 적기 때문이라고 할 수 있다. 그러나 문제는 그리 간단치 않아 보인다.

1998년부터 2000년에 걸쳐 OECD가 외국인에 의한 기업지분 소유 허용 여부 및 정도, 직접투자 허용 절차, 외국인 채용에 대한 제한 등을 기준으로 각국의 외국인 직접투자 규제 정도를 종합평가한 자료를 보면 한국의 외국인 직접투자 규제지수는 0.26으로, 아이슬란드(0.39), 캐나다(0.35), 터키(0.34), 멕시코(0.27) 등에 이어 7위를 차지했다. 외국인 직접투자 누적 액수가 하위권을 맴돌고 있는 것과 정반대의 결과인 셈이다. 규제가 가장 약한 나라는 영국(0.06)이었고, OECD 국가 중 외국인 직접투자 유치액수가 가장 많은 미국(0.17)은 14위로 조사대상 국가 중 평균 수준이었다. 일본(0.23)은 한국보다 한 단계 낮은 8위로, 역시 규제가 많은 국가로 분석됐다.

한국의 외국인 직접투자 규제를 업종별로 살펴보면 제조업 (0.07)과 호텔 및 외식업(0.07)은 규제가 낮았지만, 전력(1.0), 통신산업(0.52), 금융업(0.45) 등의 규제는 매우 심했다(이 조사의 평가척도는 '0-1'점이며 '1'에 가까울수록 규제가 많다는 뜻이다).

이런 과다하고 불필요한 규제에 대해서는 국내 경제단체들도 충분히 공감하고 있다. 전국경제인연합회의 이규황 전무는 "외국인 투자유치가 부진하고 기업의 해외진출이 증가하는 것은 과다한 인건비 및 노사분규와 관계가 많다"며 "국내 제조업의 임금 수준은 1995년에 비해 50% 이상 상승한 반면 일본은 5%, 미국·대만 등은 각각 17%에 그쳤다"고 지적했다.

국내에 진출한 외국인 직접투자 기업 가운데 대다수가 수도권 지역에 편중돼 있는 것도 구조적 취약점으로 꼽힌다. 국토연구원이 2003년 1월 내놓은 '외국인 직접투자 기업의 입지 특성 및 지역연계 보고서'를 보면, 국내에 진출한 외국인 직접투자 기업 가운데 88%가 수도권에 집중적으로 몰려 있다. 동남권과 중부, 서남권 지역의 비중은 2-5.8%에 불과했다.

찾아온 투자자도 '내쫓는' 우리의 현실

충북 청주시 흥덕동 청주산업단지 내의 3단지에 자리잡고 있는 한국네슬레 청주공장. 세계적인 다국적 식품회사의 한국 현지 공장인 이곳에서는 2003년 7월 7일 노동조합의 주도로 전면 파업이 벌어졌다. 회사 노조원들이 임금 11.7% 인상과 경영·인사권 참여를 요구하며 파업에 돌입한 것이다. 이에 대해 회사 측은 서울사무소와 청주공장, 전국 7개 영업지역 본부, 4개 물류 창고에 대한 직장 폐쇄라는 '초강수'로 맞대응했다. 노조의 전면 파업으로 공장 가동률은 30%선으로 떨어졌고 재고물량은 평소의 두 배 수준으로 급등했다. 또, 이 회사의 분무 건조커피와 이유식 생산라인은 가동이 멈췄다. 2003년 10월 말까지 계속된 회사의 전면 파업에 따른 직접적인 매출 손실액만 400억 원에 육박했다.

이삼휘 한국네슬레 사장은 "강성(强性) 노조 때문에 다국적 기업이 한국을 떠나게 생겼다"며 "많은 외국기업 CEO들은 경찰이 불러도 오지 않는다고 믿고 있다. 노사 문제에 대해 정부의 이론은 탄탄하지만, 실천력은 D학점 수준이다"고 혹평했다.

한 회사 관계자는 "노동조합이 이렇게 격렬하게 비타협적으로 저항하는데 어느 외국기업이 한국 땅에 들어와 공장을 돌리려 하겠느냐"며 한숨을 내쉬었다.

2003년 상반기 6개월 동안 전국경제인연합회 조사본부에 들어온 외국인 투자기업들의 하소연도 그에 못지않다.

유럽계 A회사 : 폭행, 직장 점거 등 노조의 불법행위에 대해 경찰 투입을 요청했는데 경찰이 방관했다. 고소 고발 처리도 늦어져 불법행위가 반복되고 있다.

유럽계 B회사 : 노조가 임금이나 복리후생 외에 생산라인 조정과 변경, 인사 등 경영자의 고유 권한에 속하는 사항까지 노사 간 합의를 요구하고 있다.

2003년 2월 하순 출범한 참여정부가 '동북아 경제 허브' 달성을 국정 과제로 내걸고 외국인 직접투자 유치 노력을 벌이고 있는 것과 현장의 상황은 정반대여서, 한국에 들어온 외국 기업들은 점점 궁지로 내몰리고 있는 것이다.

이런 상황에서 전국경제인연합회가 2003년 7월 7일 한국에 진출한 주요 외국인 투자기업을 대상으로 조사해 발표한 '투자환경 개선 방안'을 보면 몇 가지 단서를 얻을 수 있다(이 조사에는 미국, 유럽, 일본계 외국인 투자기업 76개사가 참여했다).

먼저 외국인 투자기업들은 한국에서 가장 개선이 필요한 사안으로 단연 '노사관계'(124점)를 꼽았다. 다음으로 정부정책의 투명성(70점), 인건비(67점), 행정 규제(55점) 등이 뒤를 이었다. 최근 2~3년간 한국의 투자환경 개선 여부를 묻는 질문에 대해서는 '개선됐다'(52.6%)는 답이 가장 많았고, 그 다음이 '변화 없다'(39.5%), '악화됐다'(7.9%)의 순이었다. 그러나 생산비용(특히 인건비)은 86.9%가 악화되거나 변화가 없다고 평가했으며, 조세제도에 대해서는 75.0%, 노사관계는 67.1%가 악화되거나 변하지 않았다고 응답했다.

또, 24%의 기업이 투자 애로사항을 개선해달라고 정책 당국에 요청한 적이 있었으나, 그 중 건의해도 개선되지 않았다고 답한 업체가 84%에 이르렀다. 반대로 개선됐다는 답은 16%에 그쳤다. 오히려 역효과가 나거나 불이익을 받았다는 업체도 한 곳이 있었다.

외국인 투자기업들은 정책 당국의 관료주의적 성향, 외국기업에 대한 인식 부족과 배타성, 제도와 법 규정 미비 등으로 투자 애로가 개선되지 않고 있다고 지적했다. 투자와 사업환경 면에서 한국과 중국을 비교할 때 한국이 유리하다는 답은 40.8%에 불과했다. 임금 수준에서는 근로자의 교육과 기술 수준을 감안해도 한국이 불리하다는 의견이 82.9%로, 압도적으로 많았다.

이를 통해 볼 때, 최소한 현재 외국기업이 한국에서 사업하는 데 가장 큰 장애물은 강성 노조활동인 것임이 분명하다. 2003년 들어 10월 중순까지 주한 외국기업에서 발생한 노사 분규만 해도 30건으로 지난 2002년 전체 건수(26건)보다 더 많고, 2001년(20건)에 비해서는 50%나 급증했다. 더욱이 직장 폐쇄 조치를 단행한 주한 외국기업만 9개로, 노사 간의 대립은 갈수록 치열해지고 있는 상황이다.

예를 들어 한라펄프제지를 인수해 설립된 보워터한라의 경우, 2000년 9월 세풍제지를 사들이기로 결정했으나 노조의 무리한 요구로 인수 계약이 없던 일로 바뀌었다. 갈등의 출발점은 보워터한라가 중질지 설비 1대를 폐쇄하고 정규 직원 180명을 감원하는 조건으로 세풍 군산공장을 2억 100만 달러에 인수키로 합의(MOU 체결)했다는 점이었다.

이에 대해 세풍제지 노조는 100% 고용승계를 강력하게 주장했으며 결국 보워터 측은 강경 노조의 일방적인 요구에 두 손을 모두 들고 투자 자체를 포기했던 것이다. 보워터한라는 전남 목포 대불공장 옆에 6만 평의 나대지(裸垈地)를 구입해 생산시설을 늘릴 계획도 세웠지만 정리해고 철회와 경영권 참여를 요구하는 노조의 파업과 미국경기 침체로 2003년 들어 투자계획을 완전 철회한다고 밝혔다. 결국 손실은 경영권 참여와 고용승계라는 무리한 요구를 고집한 노조의 몫이 됐다. 보워터 측이 단기와 중장기 한국 투자를 모두 포기함에 따라 일자리 자체가 사라졌기 때문이다.

이 같은 노사갈등 이외에 수도권 공장 억제정책과 지자체와 주민들의 반발 등도 한 원인이다. 특히 국가 균형발전을 명분으로 한 정부의 수도권 집중 억제정책은 외국인 투자의 최대 걸림돌 가운데 하나이다. 2,000만 명의 인구가 밀집한 수도권의 시장 잠재력, 공장 인력과 정보를 손쉽게 구할 수 있는 입지조건 등은 외국인 투자에 손색없는 환경이지만, 진입 규제로 한국진출을 포기하는 외국기업이 잇따르는 것이다.

전력제어기와 전력용 반도체 전문 제조업체인 페어차일드 (Fairchild)그룹은 이미 2억 400만 달러의 자본투자를 했고, 수출비중만 2001년에 매출액 대비 70%를 넘는다. 이 회사는 2001년 3월 경기 부천시에 반도체 제조공장을 증설하겠다는 계획을 발표했었다. 그러나 수도권 정비계획법상 과밀억제권역에 포함된 부천시에서는 3,000㎡ 이상의 공장증설이 금지

되었고, 이에 페어차일드는 당초 한국에 7,000만 달러를 투자하겠다는 계획을 철회하고 미국에 5,000만 달러, 부천에 2,000만 달러를 투자하기로 수정했다.

이에 대해 산자부 관계자는 "수도권 내 대기업 공장증설 허용범위를 6,000㎡로 바꿀 예정이지만 비수도권 지자체가 반대할 가능성이 높아 매우 불투명하다"고 말했다.

환경오염과 교통혼잡 등을 우려하는 주민들의 반발도 제약요인이다. 2000년 10월 경기 부천시에 쓰레기처리장을 건설하겠다는 계획을 발표했던 미국 GBT사는 주민과 지자체의반발 때문에 한국진출 포기를 선언했다. 회사가 8,200만 달러를 투자해 25년 동안 운영한 다음 부천시에 기부채납하겠다고제의했지만, 시 의회와 주민들이 혐오시설 입주를 극력 반대한 탓이다.

프랑스계 다국적 대형할인매장인 한국까르푸는 최근 지방에 매장을 열려고 했지만 해당 지자체로부터 이해할 수 없는이유로 교통영향평가 승인을 4번이나 거절당해 결국 매장설치 계획을 포기하고 대신 중국 내 매장을 늘렸다.

영국 유통업체인 테스코사가 83% 지분을 갖고 있는 삼성테스코도 광주광역시 남구에 할인매장을 열려고 했으나 교통영향평가를 담당하는 광주시와 도로변경을 담당하는 남구청이 교통 문제를 먼저 해결하라고 미루어 건축 허가가 계속 지연되고 있다.

반대로 국내 전자제품 위탁생산 전문업체(EMS) 기업인 H&T

사의 중국진출 사례는 영 딴 나라 얘기나 마찬가지이다. 이 회사는 중국의 파격적인 투자조건 제시와 관련 공무원들의 투자유치 노력에 감명을 받아 공장을 중국으로 옮기기로 결정했다고 한다. 이 회사 정국교 사장은 "하얼빈 개발구의 담당 공무원부터 국장까지 직접 회사를 찾아와 투자유치 활동을 벌였을 뿐아니라 매출이 일정 수준에 이를 때까지 토지를 무상 제공하고생산에 필요한 건물을 신축해주며, 8년간 무이자 대출을 해주겠다는 조건을 제시했다"고 말했다.

외국기업 투자유치에 대한 지자체와 주민들의 자세가 이렇게 다른데 결과는 명약관화하다.

동북아 경제중심 건설을 위해 조성된 인천 송도 경제자유구역에서도 외국기업 유치는 속속 무산되고 있다. 일본계 자동차 자동변속기 생산업체인 자코트(JACOT)사를 보자. 이 회사는 2001년 3월 인천 송도 지식정보산업단지에 자동변속기 연구개발(R&D)센터를 건립키로 내부 방침을 정했다. 그러나 인근 지역 주민들의 반발과 지자체의 행정절차 지연, 주변 군부대 등의 비협조로 최근 연구개발센터 건립 포기를 인천시와 산자부 등에 통보했다.

이미 한국에 진출해 있는 기존 외국기업이 한국에 추가 투자를 하는 것도 여간 어렵지 않다. 도레이새한사는 2002년에 400억 원의 흑자를 기록해 이를 한국에 재투자하기 위해 외국인 전용공단에 신규공장을 입주시킬 수 있는지를 타진했으나 거부당했다. 도레이새한 측은 "똑같은 외국인 투자인데 신규 외국인 투자만 외국인전용공단 입주를 허용하고 기존 투자의 증설은 불허하며 차별하는 것은 문제"라고 지적했다.

세계적인 종합화학회사인 듀폰 역시 한국에 8,000만 달러 규모의 시설투자를 검토하면서 이전(移轉) 가격과 관련된 세무처리 방안을 문의했다. 그러나 한국 세무당국이 이전 가격에 대해 유연성을 보이지 않자 투자 자체를 보류했다. 또, 까라로코리아는 1,000만 달러를 들여 기존 공장의 확대 이전을 추진했으나 노동조합이 공장이전을 반대하면서 계획 자체가 완전 무산됐다.

1970년대 초부터 외국기업들의 '요람'으로 꼽혀온 경남 마산 자유무역지대에서도 인건비 급상승과 이에 따른 채산성 악화로 외국투자기업들이 한국을 떠나고 있다. 한때 2,000여 명의 인원을 고용했던 100% 일본 투자업체인 (주)한국씨티즌이 2003년 1월 말 인건비 급등과 제품판매 부진 등 경영난을 이유로 폐업했고, 한국동광, 카시오전자 등도 높은 비용 부담을 견디다 못해 한국 공장을 폐쇄하거나 중국이나 동남아 등지로 공장을 옮기는 방안을 추진중이다.

이런 추세가 진행되면 우량 외국기업 유치는 자칫 '공염불'에 그쳐버릴 가능성이 갈수록 농후하다. 한 외국 기업인은 이렇게 속마음을 털어놓는다.

경쟁국과 비슷한 수준의 투자유인책을 내놓고 그마저도 각종 규제와 이견에 부딪혀 결국에는 외국기업에 대한 특혜

시비를 불러일으키고, 또 강성노조와 복잡한 규제가 횡행한다면 누가 한국에 투자할 마음이 생기겠습니까. 한국이 아니라도 투자할 곳은 많다는 사실을 한국 공무원이나 주민들은 잊고 있는 것 같아요.

외국기업들을 배척하는 지자체나 주민들이 있는 한, 한국의 외국인 직접투자는 부진을 면하기 어렵다. 폐쇄적 배타주의는 한국으로 들어오는 외국 투자자본 감소라는 부메랑으로 되돌아올 뿐이다. 결국 외국자본이 한국 내 설비투자를 외면하는 마당에 한국을 '동북아 경제중심'으로 일궈내겠다는 정부의 슬로건은 알맹이가 없는 '공허한 말장난'에 불과할 것이다.

외국 기업인의 눈에 비친 우리나라의 투자환경

한국에 들어와 비즈니스 활동을 하고 있는 외국 기업인들은 한국의 전투적(militant)인 노조활동과 북핵(北核) 사태, 과도한 임금상승과 경직된 노동시장, 외국인에 대한 뿌리 깊은 거부감과 차별대우 등이 해소되지 않는 한 외국인 직접투자가 상승세로 돌아서기는 힘들 것이라고 토로한다.

먼저, 윌리엄 오벌린(William Oberlin) 주한 미국상공회의소(AMCHAM) 회장은 "세계는 한국을 전투적인 노조 공화국(militant labor state)으로 이해하고 있다"며 "전체 근로자 중 노조 가입 비율이 12-13%에 불과하면서도 노사분규가 심각한

데 대해 투자자들이 의아해하고 있다"고 말했다.

한편 조안 배론(Joan Baron) 주한 캐나다상공회의소 회장은 2003년 들어 철도파업, 화물연대, 조흥은행 등 주요 핵심 산업 부문의 노사분규에서 노동조합이 모두 승리한 데 대해, 특히 지난 7월 말 국내 최대 제조업 사업장인 현대자동차 노사가 노조 측에 일방적으로 유리한 임금협상 및 단체협상에 합의했다는 데 충격을 받았다고 말한다. 그는 "현대차 노조 합의의 결과는 끔찍한(terrifying) 것"이라며 "이런 추세가 계속되면 최종적으로 현대자동차 노사뿐만 아니라 한국의 전체 근로자들이 패배자가 될 것이며, 한국으로 들어오는 외국인 직접투자도 타격을 입을 것"이라고 진단했다.

이 밖에 도미닉 바튼(Dominic Barton) 맥킨지 컨설팅 아태 총괄 사장은 "한국이 1인당 국민소득 2만 달러 국가가 되려면 500만 개의 신규 일자리가 생겨야 하고 서비스 부문의 국민총생산 기여도가 70%대는 돼야 한다"며 "이를 위해서는 노동시장이 유연해야 하고 외국인 직접투자 증가가 필수적"이라고 말했다. 특히 그는 천연자원이 거의 없는 한국의 경우, 외국인 직접투자 증가와 2만 달러 달성은 '동전의 앞뒤 관계'나 마찬가지라고 강조했다.

이들은 한국 정부가 내놓은 '경제자유구역' 구상에 대해서도 조심스런 입장이다. 경제자유구역이 여러 경제적 혜택을 가져다줄 것처럼 보이지만 외국인만 특정 지역에 따로 모아놓을 경우 한국인들의 배타성(俳他性)만 강화될 우려가 크다는 것이다.

윌리엄 오벌린 주한 미국 상공회의소 회장은 "외국인들은 '게토(ghetto, 집단거주지역)'를 원하지 않는다"며 "한국인과 외국인이 접촉할 기회가 많아져야 서로에 대한 인식도 좋아지지 않겠느냐"고 말했다.

한편 전국경제인연합회가 2003년 봄 국내 거주 외국인 122명을 대상으로 주택, 의료, 행정, 교육, 환경, 교통 만족도를 조사한 결과 5점 만점에 3.5점을 넘는 분야는 단 하나도 없었다. 특히 교통과 환경 분야에 대한 만족도가 낮았다. 외국인에 대한 폐쇄적인 태도와 함께 외국인들에게 불편한 국내 생활 여건이 외국인 직접투자 유치 노력에 '찬물'을 끼얹고 있는 것이다.

나이젤 버든 듀폰코리아 사장은 "한국에서 자녀들을 외국인학교에 입학시키는 게 이렇게 힘들 줄 몰랐다. 자녀 교육이 힘든 나라에서 어느 누가 근무를 원하겠으며, 외국인 직접투자가 어떻게 증가할 수 있겠느냐"고 반문했다. 그는 또 "외국인들이 한국시장을 잠식한다는 한국인들의 심리에 깔려 있는 부정적 인식부터 해소하는 것이 중요하다"고 말했다. 이 밖에 그는 중국·인도네시아 등에 비해 10배 정도 비싼 인건비와 공단부지 가격, 과다한 정부 규제 등도 한국의 매력을 떨어뜨리는 요인이라고 분석한다.

지동훈 주한 유럽연합상공회의소 상무는 최근 "외국인 직접투자가 부진한 것은 세계적인 경기침체로 다국적 기업들이 해외투자를 줄인 게 직접적인 원인이지만, 실제 한국에서 활동하는 기업이 내는 법인세 최고세율(29.7%)이 홍콩(16%)의 두 배나 되고, 외국인을 배척하는 사회 분위기도 꺼림칙해하는 게 사실"이라고 지적했다.

2003년 5월 28일 주한 유럽연합(EU) 상공회의소 주최로 열린 김진표 부총리 겸 재정경제부 장관 초청간담회에서 디터 로데 루프트한자 한국지사장은 "주변 국가들은 사스(SARS, 중증 급성호흡기 증후군)로 피해를 본 외국 항공사들을 위한 대책을 신속히 마련했지만 한국 정부는 2개월 동안 묵묵부답이었다"며 한국 정부의 기업 서비스 마인드 부족을 강하게 질타했다.

한편 일본 기업인들은 한국의 노사분규가 가장 큰 걸림돌이라는 '속내'를 공공연하게 드러내놓고 있다. 주한 일본 기업인들의 모임인 서울재팬클럽(SJC) 이사장을 맡고 있는 다카스기 노부야[高杉暢也] 한국후지제록스 회장은 "한국 정부가 아무리 외국인 투자유치 촉진책을 만들어도 노사 문제가 개선되지 않는 한 어느 일본기업도 쉽게 대한(對韓) 투자를 결정하지 못할 것"이라고 단언한다. "1990년까지만 해도 전체 외국인 투자 가운데 일본기업의 투자 비중이 48%에 달했으나 지금은 10% 수준으로 추락한 것도 고질적인 한국 내 노사분규와 무관하지 않다"는 주장이다.

다카스기 회장은 "한국 정부가 내세우는 동북아 경제중심 국가정책은 매우 중요한 것임에도 불구하고, 인프라 정비, 인센티브 제공 등 정부에서 외국기업 유치를 위해 내세우는 정책들이 너무 틀에 박혀 있고 한계에 다다른 느낌"이라고 비판했다. 그는 "외국기업의 유치활동에만 신경 쓰지 말고 투자한 뒤 배려해주는 것이 필요하다"고 꼬집었다. 특히 그는 한국 정부가 2003년 봄 두산중공업 사태에서 '무노동 무임금' 원칙을 깼으며, 화물연대 파업 해결과정에서도 공정성이 결여된 결정을 내려 한국에 대한 부정적인 이미지가 더 깊이 각인됐다고 비판했다.

일본기업의 대한 투자유치 업무를 맡고 있는 히라타 가즈오 일본무역진흥회(JETRO) 투자고문도 "한국 지방자치단체들이 서울과 일본을 오가며 유명 호텔에서 앞다퉈 외국기업 투자유치 설명회를 여는 매너리즘에 빠져 있는" 듯하며 "천편일률적으로 똑같은 기획이 반복되고 시간 낭비가 심해 참석자들에게 폐를 끼칠 정도"라고 지적했다. 그는 "한국 정부는 국민의 세금을 이런 소모적인 투자회 개최에 낭비하지 말고 다양한 형태로 유치활동을 펼쳐나가야 한다"고 주장했다.

『역사의 종말 End of History』 『트러스트 Trust』 등의 저서로 유명한 세계적인 석학 프랜시스 후쿠야마 교수는 2003년 10월 서울에서 열린 제4회 세계지식포럼에 참가한 자리에서 "외국인이 한국시장에 직접투자하는 목적은 크게 한국의 내수시장 공략과 한국 근로자들의 노동기술을 이용하기 위한 것"이라고 설명했다. 다시 말해 이 두 가지 관점에서 외국인 직접투자가 중국으로 몰리는 이유를 쉽게 파악할 수 있다는 것이다.

후쿠야마 교수는 "이런 점에서 한국은 동북아시아의 다른 나라에서 제공할 수 없는 수준 높은 기술을 제공하도록 노동의 질을 높이거나, 아니면 노동시장에서 틈새시장(특정 분야)을 노려야 한다"고 주문했다.

우리나라 기업 전체의 낮은 청렴도와 기업경영의 투명성 부족도 외국인 직접투자 유치에 마이너스 요인이 된다. '국제투명성위원회'의 2002년도 조사를 보면, 우리나라는 102개국 중 40위로 경쟁국가인 싱가포르(6위), 일본(20위), 말레이시아(33위)보다 뒤진 것으로 나타났다. 국제투명성위원회 측은 "국가의 청렴도가 높을수록 1인당 국민소득과 외국인 직접투자 실적, 주식시장 발전 정도가 높으며, 청렴도가 높은 국가일수록 기업가치도 높게 형성된다"고 지적한다. 따라서 외국인 직접투자 활성화와 기업가치 제고 차원에서도 회계 투명성과 기업지배구조 개선 노력이 절실하다는 것이다.

노동생산성 향상 속도를 훨씬 앞지르는 높은 임금상승도 빼놓을 수 없는 요인이다. 전국경제인연합회가 2003년 9월 발표한 자료를 보면, 국내 임금이 1% 오르면 외국인 직접투자는 5.73% 감소하는 것으로 나타났다.

이와 함께 낮은 R&D 투자 매력도와 턱없이 부족한 실용영어 구사능력도 외국인 직접투자에 부정적인 요소로 지적된다. 김용한 신젠타코리아 이사는 "한국의 경우 인도에 비해 R&D 비용이 4배나 든다"며 "최근 본사에서 R&D 인프라 일부를 인도로 옮기는 것을 고려하고 있다"고 말했다. 안병문 한국오라클 부상은 "오라클은 이미 인도에 2,000명, 중국에 500명 규모의 연구 인력을 확보했다"고 밝혔으며 "인도와 중국은 한국에 비해 인건비가 쌀 뿐 아니라 어학 등 커뮤니케이션 능력에서도 앞서고 있다"고 했다.

이 때문에 주한 외국 기업인들은 정부의 일과적인 제도적 유인책 못지않게 근본적인 개선을 바라고 있다. 가령 태미 오버비(Tami Overby) 주한 미상의 수석 부회장은 "한국 정부가 단기 처방전을 내놓기보다 외환거래 자유화, 노동시장 유연성 확보, 실용영어 구사력 향상, 법인세 인하 같은 비즈니스 환경 개선 등 근본적인 해결책에 주력해야 한다"고 강조했다.

이처럼 우리나라로 들어오는 외국인 직접투자가 갈수록 부진해지고 있는 이유를 설명하는 '처방전'은 각자 사업 종류와 환경에 따라 매우 다양하다. 그래서 '장님 코끼리 만지기'식으로 각 부분마다 진실이지만 종합적인 그림을 설명하는 분석으로는 어딘가 부족해 보이는 것이다. 하지만 외국인 직접투자 부진의 원인과 관련해 국내외 기업인들과 석학, 경제단체 등이 지적한 문제점들이 하나하나 맞물려 복합적인 연쇄 작용을 하고 있다는 점만은 분명하다.

'블랙홀' 중국 VS. '빈국' 대한민국

우리나라의 외국인 직접투자, 왜 부진한가

한국으로 들어오는 외국인 직접투자가 수년째 계속 줄어들고 있다는 것은, 바꾸어 말하면 그만큼 한국경제의 매력 요인이 줄어들고 있다는 말이다. 이것은 한국경제의 양대 성장 동력 중 하나인 외부 투입 요인이 급속도로 냉각되고 있다는 점에서 위험스런 사태임에 분명하다.

여기에다 국내 제조업체들마저 국내 투자를 기피하고 해외투자 대열에 속속 뛰어들면서, 한국이 '외국인 직접투자 빈국'에 그치지 않고 '산업 공동화(空洞化) 대국'이라는 오명까지 뒤집어쓸 것이라는 우려가 커지고 있다. 한국은행 통계를 보면, 국내기업들의 설비투자 증가율은 2000년 35.3%(전년 대비), 2002년에는 6.8%에 달했지만, 2003년 들어서 1분기는 1.6% 증가, 2분기는 0.8% 감소로 뒷걸음질치고 있다. 국내기업들이 제조업 분야의 설비투자를 극도로 꺼리는 분위기가 역력한 것이다.

물론 이 같은 기업들의 해외투자도 세계적인 동시 경기침체의 영향으로 상대적으로 줄어들고 있긴 하지만, 외국인 직접투자 감소는 추락한다는 표현이 무색할 정도이다. 2002년도 한국의 '순(純)외국인 직접투자(국내로 들어온 외국인 직접투자 유입액에서 한국을 빠져나간 유출액을 뺀 것)' 규모는 총 2조 5,000억 원으로 2001년(4조 9,000억 원)의 절반으로 감소했다. 더구나 2003년 들어 1분기(1~3월) 순외국인 직접투자는 전년 동기의 14%에 불과한 1,172억 원(잠정집계)으로 급락했다.

이 같은 외국인 직접투자 감소는 중국을 제외한 아시아 경쟁국이나 선진국에서도 일부 공통된 현상이다. 산업자원부 분석에 따르면, 2003년 상반기 동안 영국(-77%), 프랑스(-23%), 말레이시아(-32%), 태국(-58%), 대만(-22%) 등도 일 년 전과 비교해 감소세를 보인 게 사실이다.

하지만 문제는 한국 정부가 '동북아 비즈니스 허브'라는 거창한 목표를 내걸고 경제자유구역 같은 범정부적인 외국인 직접투자 유치 인센티브와 노력을 제공하고 있음에도 외국인 직접투자가 부진의 늪에서 벗어나지 못하고 있다는 사실에 있다. 이런 현상의 근본적인 뿌리는 무엇인가?

KOTRA에서 외국기업들을 상대로 하는 투자 옴부즈맨(Investment Ombudsman) 활동을 하고 있는 김완순 박사는 한국인의 내부 지향적이며, 뿌리 깊은 배타적 감정이 근본적인 출발점이라고 전제했다. 가령 2002년 10월 한국과 칠레 양국 정부가 삼 년이 넘는 협상 끝에 타결을 본 한-칠레 FTA(자유무역협정)가 농민단체와 정치권의 반발 및 비협조로 일 년여 동안 국회에서 비준을 받지 못했던 것이 단적인 사례라는 것이다. 스크린쿼터(국산영화 의무상영일수 제도)로 말미암아 한국과 미국 간의 상호투자조약(BIT, Bilateral Investment Treaty) 체결 논의가 5년 이상 지연되는 것도 마찬가지라는 설명이다. 그는 경직되고 전투적인(rigid & militant) 노동조합 문화와 함께 국제적 관행과 무관한 한국의 독특한 조세관리 시스템도 문제라고 지적한다.

노동조합의 회사 경영권 참여와 조합 전임자에 대한 임금지급 같은 문제에 대한 이견 때문에 4억 달러 규모의 다임러크라이슬러와 현대자동차 간의 상용차 합작법인 설립이 마냥 늦춰지는 것은 외국에서라면 상상조차 할 수 없는 일이다. 또, 국제적 관행과 거리가 먼 조세관리 시스템과 관행도 외국기업의 한국진출을 가로막는 장애물이다.

(「*Korea Herald*」, 2003년 7월 18일.)

김 박사는 조세관리의 경우, 국세청이 한국에서 활동하는 외국기업의 역외 펀드에 대해 일방적으로 세금을 매기려고 하거나 외국기업의 외환 송금거래가 자유화되지 않고 있다고 비판했다.

우리나라의 외국인 직접투자 유치 잠재력

그러나 이와 같은 어려운 상황에도 불구하고 한국의 미래가 어둡다고 마냥 자포자기할 수만은 없다. 유엔무역개발기구 (UNCTAD)는 2003년 '외국인 직접투자 잠재력 보고서'에서 한국을 '외국인 직접투자 유치 잠재력은 크지만 성과가 부진한 나라'로 평가했다. (한편 중국은 '잠재력은 작지만 성과가 큰 나라', 싱가포르와 홍콩은 '잠재력도 높고 성과도 높은 나라'로 분류하고 있다.) 외국도 한국의 외국인 직접투자 성장 가능성을 매우 높게 보고 있다는 얘기이다.

도널드 존스턴 OECD 사무총장은 한국 정부 공무원들이나 기업인들을 만날 때마다 "OECD 소속 회원국 중 GDP 대비 외국인 직접투자 비율이 가장 낮은 나라가 한국"이라며 "이 비율을 높여야 한다"고 약방의 감초처럼 잊지 않고 강조한다.

국내에는 이미 프랑스계 대형할인점 업체인 까르푸를 비롯해 코카콜라와 독일계 알리안츠, 코메르츠 방크, 바스프 등이 상당 금액을 투자해놓고 있다. 하지만 산업자원부의 '세계 500대 기업 한국진출 현황' 자료를 보면, 미국 『포춘』지 선정 500대 글로벌 기업 가운데 223개사(45%)만이 국내에 진출해 있을 뿐이다(2002년 말 기준).

이들 기업의 총투자액은 당시 182억 달러(신고 기준)로 우리나라 전체 외국인 투자액의 21%를 차지했다. 이 같은 통계는 역설적으로 (우리나라에는 아직 500대 기업의 절반도 들어오지 않은 만큼) 정부와 민간이 합심해 외국인 직접투자 노력을 펼친다면 앞으로의 가능성은 무궁무진하다는 것을 말해준다.

미국 컨설팅 회사인 AT커니가 발표한 '2003년 외국인 직접투자 만족지수'를 보아도 한국의 가능성은 분명하다. 비록 한국이 10위권에는 들지 못했지만 전년도의 21위에서 18위로 3계단 올라서며 선전한 것이다. AT커니가 작성한 '외국인 직접투자 만족지수'는 향후 일어나는 해외투자의 선행지수 성격을 갖는다는 점에서 눈길을 모으고 있다.

그러나 한 가지 낙관할 수 없는 사실은 세계 각국의 외국인 직접투자 유치 경쟁이 살인적인 수준으로 치닫고 있다는 점이다. 또한 우리나라와 인접해 있는 중국이 세계 외국인 직접투자의 '블랙홀'이라는 별명으로 불릴 만큼 전세계의 외국인 직접투자를 흡인해가고 있다는 점도 우려되는 사항이다. 14억에 달하는 광활한 내수시장과 값싼 노동력, 적극적인 기업 친화적 정책, 중앙과 지방 정부의 경쟁적인 외국인 직접투자 노력 등이 어우러지면서, 중국을 향한 다국적 기업들의 발걸음이 끊이지 않고 있는 것이다.

AT커니의 글로벌비즈니스 정책위원회 폴 라우디치나 연구위원은 "중국이 미국을 제치고 외국인 직접투자 1위를 차지하는 등 앞으로도 세계 각국의 대중국 외국인 직접투자 붐이 계속될 것"이라며 "사스에도 불구하고 중국경제 전망을 부정적이라고 응답한 비율은 5.4%에 그쳤다"고 말했다.

세계 2위의 경제 대국인 일본과 향후 미국을 위협할 세계의 공장으로 부상하고 있는 중국의 틈바구니에 끼인 한국이 외국인 직접투자 유치 경쟁에서마저 낙오한다면 어떻게 될 것인가? 치솟는 임금과 땅값 등으로 국내기업들이 해외로 줄줄이 떠나는 마당에 외국기업마저 한국을 외면한다면, 결국 한국에 남는 것은 텅 빈 공장터와 직장을 구하지 못하거나 구조조정의 칼바람에 희생돼 일터에서 쫓겨난 실업자들의 기다란 행렬뿐일 것이다.

외국인 직접투자 유치는 단순한 실적 경쟁이나 국가 체면 살리기가 아니다. 국민 개개인의 삶에 직결되는 사안인 것이다. 중앙 정부와 지방자치단체, 기업 등이 하나같이 두 눈을 부릅뜨고 외국인 직접투자 유치에 발벗고 나서야 하는 것은, 바로 외국인 직접투자가 현 단계에서 우리에게 유일하고 유효한 '길'이자 '방법'이기 때문이다.

한국 정부의 뒤늦은 유치전략

'외국인 직접투자가 활성화되면 국내기업이 밀려나 해당 국가의 경제주권이 위협받는다.' '외국기업들은 자기 이익만 챙기고 언제든지 떠나는 매정하기 짝이 없는 수탈 기업들이

다.' '그래도 자기나라 브랜드를 단 토종기업이 급할 때는 든 든한 버팀목이 되고 훨씬 낫다.'

외국인 직접투자 비판론자들은 이런 논리를 내세우며 외국 인 직접투자에 대한 신중론을 강하게 주장한다. 그리고 경제 의 글로벌화(globalization) 현상이 본격적으로 전개되기 전까지 는 이런 시각에 타당한 측면이 많았던 것도 사실이다.

그러나 2000년 이후 대세로 자리잡은 경제의 세계화와 지 역 블록화 현상, 인터넷 등 정보기술(IT)의 급속한 발전은 이 런 비판론의 타당성을 하루가 다르게 잠식해가고 있다. 하루 에만 수천 억 달러의 국제투자 자본이 세계 각국을 광속도로 옮겨 다니며 국가 간의 경계와 기업의 국적 구분을 무의미하 게 만들고 있기 때문이다. 이런 상황에서 자본과 투자의 '국 적'만 따지고 외국자본을 배척했다가는 글로벌 경제체제에서 영원한 '외톨이'로 전락하기 십상이다. 그래서 외국인 직접투 자가 다양한 경로를 통해 국내 산업 경쟁력과 특히 '일자리(고 용) 창출'에 필수적인 핵심요소라는 시각이 설득력을 얻어가 고 있다.

우선 제조업 투자를 목적으로 한 외국자본의 유입은 국내 자본형성을 촉진해 생산성 증가에 이바지할 수 있다. 또 외국 기업이 국내 생산에 참여함에 따라 자연스럽게 생산기술이나 경영기법이 국내 노동자들에게 전수되는 효과도 이뤄진다. 부 품산업 등 관련 산업에서도 외국의 선진기술에 부합되는 제품 을 공급해야 하므로 자연히 고급기술 습득에 대한 관심과 능력이 커질 수밖에 없는 것이다.

특히 업종이나 품목별로 선진기업 수준을 따라잡으려 할 경우에는 외국인 기업이 더할 나위 없이 좋은 '기회'를 제공한다. 즉, 외국인 직접투자를 통해 성장에 필요한 자본유입과 함께 기술이전 및 개발촉진 그리고 다국적 기업의 세계적인 네트워크를 통한 국내 제품의 해외 마케팅까지 큰 도움을 받을 수 있는 것이다.

이화여대 경제학과 전주성 교수는 "외국인 투자의 유입은 국내 기술축적과 유사한 방향으로 수출 경쟁력에 영향을 미친다"며 "제조업의 경우 첨단 하이테크 산업에서 수출 촉진효과가 크며, 선진국보다는 개발도상국 단계에서 경쟁력 증폭효과가 더 높다"고 분석했다(장윤종·전주성, 『글로벌 경제의 외국인 직접 투자 정책』, 을유문화사, 2000, pp.77-79).

한국의 경우, 1970년대 이후 중화학 공업 위주로 산업기반을 정착시키는 과정에서 외국기업의 국내진출을 통한 기술이전 효과가 그다지 크지는 않았다. 외국인 직접투자의 비중이 높지 않았고, 그나마도 대부분 포트폴리오 자본인 차관의 형태를 띠었기 때문이다. 그러나 이제는 경제의 글로벌화로 세계시장에서 생산과정이 급속도로 통합되는 현상이 확산되는 만큼 외국기업의 유치를 통해 이들의 기술과 마케팅 노하우, 네트워크를 적극 활용할 필요가 있다.

외국인 직접투자가 산업경쟁력에 영향을 미치는 가장 직접적인 경로는 기술이전이다. 국내 거주 자회사가 해외 모기업

또는 기타 관련 기업으로부터 기술을 수입하여 사용하거나 아니면 국내 현지에서 자체적으로 R&D를 수행하는 방식이 유력하다. 특히 국내에 진출한 상당수 외국기업의 경우, 일단 연구개발시설을 갖추고 있으면 자신만을 위해 기술개발을 하는 것이 아니라 국내의 다른 고객을 위해 용역 R&D를 수행하기도 한다.

생산공정이나 기술 이외에 경영이나 조직에 관한 노하우도 생산성 향상과 경제성장에 도움을 주는 넓은 의미의 기술정보에 해당된다. 효율적인 재고관리 방법이나 주문형 생산, '무결점(Zero-defect)' 전략 같은 품질관리 등 다양한 무형자산도 재산인 셈이다.

외국기업의 국내진출은 또 국내 산업의 구조조정을 촉진시키는 부수효과도 낳는다. 종래 상대적으로 인위적 진입장벽의 혜택을 보았던 국내기업들이 시장점유율 유지를 위해 외국기업으로부터의 기술습득과 경영의 개선을 동시에 추구하는 것이다. 한편 외국기업들과의 전략적 제휴나 하청계약을 통해 이들의 세계시장 통합 네트워크에 동참할 수 있게 된다.

그러나 외국기업(자본)의 국내진출은 국내정책의 수립과 결정과정을 개선하는 데 간접적인 압박을 가하는 부담으로 작용하기도 한다. 물론 직접투자는 장기적 성격인 경우가 많아 일시적인 정책 변화로 민감하게 반응하지는 않지만, 국내정책의 일관성은 외국인 직접투자의 지속성을 유지하는 데 주요한 변수가 된다. 잦은 정책 변화와 불안정한 환율이 미래의 불확실성을 증가시켜 국내시장의 가치에 대한 외국인 투자자의 평가를 낮추는 것이다.

따라서 정부는 시장에 대한 직접 개입방식보다는 시장의 자생적 자원배분 기능을 강화하고 외국자본이 들어와 건강하게 활동할 수 있는 공간과 규칙(rule)을 확보하는 데 주력할 필요가 있다.

한국 정부가 2003년 9월 2일 확정발표한 '외국인 투자유치 종합대책'은 외국인 직접투자 유치의 중요성을 자각한 정부가 총력 대응체제를 구축하고 나섰음을 웅변하고 있다.

종합대책을 마련한 정부 내 양대 주체는 청와대 동북아 경제중심 추진위원회(위원장 배순훈 전 정보통신부 장관)와 산업자원부이다. 이날 발표된 종합대책에 따르면, 대통령이 투자유치를 앞장서 이끌어나간다는 의지를 재확인했고, 이를 실천하기 위해 주요 투자유치 대상 기업의 CEO를 대통령이 직접 만나기로 결정했다.

또 일 년에 두 번씩 대통령 주재로 '외국인 투자유치 민관 합동 점검회의'를 개최하며, 모든 정부 부처는 소관 분야별로 외국인 투자 프로젝트를 발굴하고, 또 부처별로 투자유치 활동실적을 매달 국무회의에 보고하기로 했다. 그래서 해당 부처 장관들 사이에 외국인 투자유치 경쟁을 적극 유도한다는 방침을 정했다. 이와 함께 지방자치단체와 KOTRA, Invest Korea 같은 기관의 직원을 포함해 투자유치 일선에서 일하는 관계자들의 의욕을 북돋우기 위해 투자유치에 결정적으로 기여한 사람들에게 포상금을 지급하기로 했다. 정부가 외국인 직접투자 유치를 '발등에 떨어진 불'로 인식하고 범정부 차원에서 발벗고 나선 것이다.

일례로 노무현 대통령은 2003년 10월 30일 청와대에서 외국인 투자유치 담당 공무원 180여 명을 불러 모아 투자유치 확대를 위한 공무원의 역할을 강조하면서 "1980년대까지만 해도 외국자본이 국부(國富)를 수탈한다는 인식이 있었으나 이제 외자유치는 경쟁력 강화와 성장 잠재력을 위한 것이라는 데 대한 국민적 합의가 이뤄졌다"면서 "외국인 투자유치가 아직 원만하지 않은데 지금 뭔가 획기적인 전기를 마련해야 한다"고 말했다.

이와 관련해 정부는 2004년부터 외국기업에 현금을 보조하는 현금보조제(cash grant)를 도입하고, 외국인 투자유치에 공을 세운 민간기관과 지자체 공무원에게 포상금도 지급하기로 결정했다. 또 외국인 투자기업들이 제기해온 생활 및 경영상의 애로사항에 대해서도 개선 청사진을 제시하고 일관성 있게 고쳐나가기로 했다. 또한 외국인 투자유치 업무 전담 조직인 KOTRA 내 외국인 투자 지원센터(KISC)의 조직과 기능을 보강하고 부사장급을 책임자(단장)로 임명해 '인베스트 코리아(Invest Korea)'라는 별도 조직을 출범시키기로 했다. 더욱이 이 조직의 최고 책임자로 외국인 영입을 추진한다는 혁신적인 조치도 강구하고 있다.

산자부 이승훈 국제협력투자국장은 "외국인 투자기업과 합작하는 국내기업에 출자총액제한을 완화하고 외국인 전용 카지노업을 허가하는 방안도 추진할 것"이라며 "서울, 경남 사천, 경기 판교에 외국인 학교도 세울 것"이라고 말했다.

그러나 이런 정부의 각종 처방전만으로 막혔던 외국인 직접투자의 물꼬가 트일 수 있을까?

이에 대해 막상 당사자들인 주한 외국인 최고경영자들은 대부분 고개를 갸우뚱거리며 부정적인 반응을 보인다. 이들은 경쟁국을 압도하는 새로운 대책을 내놓지 못할 바에야 기왕에 나와 있는 정책들이라도 효과적으로 집행하고 경제활동의 투명성을 최대한 높여주는 게 더 효과적인 '지름길'이라고 주장한다.

미국 린든 존슨 대통령 시절 백악관 경제자문위원회의 선임 이코노미스트로 근무하면서부터 40여 년 동안 한국 등 아시아 국가경제를 관찰해온 샌디에고 소재 캘리포니아 대학의 로렌스 크라우스 교수는 "현재 한국경제를 가로막는 가장 큰 걸림돌은 노사갈등"이라고 진단한다.

정부가 나름대로 외국인 직접투자 유치를 위해 열심히 뛰는 것은 바람직한 일이다. 그러나 외국기업들이 공공연하게 한국 내 비즈니스의 최대 고민거리라고 토로하는 강성 노조활동 선진화와 노동시장의 유연성 확보를 위한 실천 노력이 뒤따르지 않는다면 그러한 정책들이 얼마나 효과가 있을는지 의문이다.

실제로 한국경제가 아무리 세계 12위권의 무역대국으로 세계 각국에 수출을 한다고 해도 외국에 비쳐지는 한국의 이미지는 붉은 머리띠를 두르고 격렬하게 시위하는 전투적인 노동조합 일색이다. 외국인 투자자의 입장에서 과연 한국이 매력적인 시장이 되려면 어떻게 탈바꿈해야 할까?

이 문제를 진지하게 고민한 다음 그들의 '입맛'에 맞는 처방전을 내놓지 못한다면, 아쉽지만 한국 정부가 내놓는 각종 아이디어들은 '쇠귀에 경 읽기' 수준에 그치고 말 것이다.

외국인 직접투자 성공 모델

선진형 노사관계 구축이 해법

한국에 들어와 있는 외국인 투자기업 가운데 성공을 거두고 있는 기업도 상당수 있다. 이들은 한국 추가 투자에도 비교적 적극적이다. 이들의 실태에 돋보기를 대본다면 어떤 결론이 나올까?

사례 1 IMF 외환위기 직후인 1998년 스웨덴 볼보그룹이 삼성중공업의 굴삭기 사업 부문을 5억 달러에 인수해 탄생한 볼보건설기계코리아는 한국 내에서 유일하게 다국적 기업 본부를 가동하는 회사이다. 경남 창원시에 제조 공장과 연구개발센터를 동시에 두고 있는 이 회사는 스웨덴에 있던 볼보의 굴삭기 공장을 폐쇄하고, 창원공장에 모든 생산시설과 역량을 집중해 그룹 내 굴삭기 부문의 본부 역할을 하고 있다.

이 회사는 인수 당시 670억 원의 순(純)손실을 기록해 초창기에는 '부실덩어리'로 통했다. 하지만 2년 만인 2000년에 253억 원의 흑자를 냈고, 그 후 매년 20% 가까운 성장을 거듭하고 있다. 2002년도의 순이익만 해도 720억 원에 달했다. 이와 같은 실적에 힘입어 2002년 11월 말부터 12월까지에 걸쳐 노동부의 안전경영대상 중공업 부문 대상(大賞)을 받은 것을 시작으로 건설장비업계 최초로 금탑산업훈장, 3억 달러 수출탑 등 6개의 훈장과 표창을 수상했다.

한마디로 외국인 직접투자 유치의 대표적인 성공사례로 발돋움한 것이다. 이런 고속 성장의 원동력에 대해 회사 관계자들은 노사 간 상호 신뢰와 협력이 밑바탕에 깔려 있기 때문이라고 말한다. 이 회사가 갖고 있는 선진형 노사관계는 어떤 것인가?

볼보건설기계코리아는 먼저 매분기 말 첫째 주 수요일을 '노사 화합의 날'로 정해 모든 생산라인의 가동을 중단한다. 대신 노사가 협의회를 개최해 함께 토론을 벌인다. 회사와 노조는 말 그대로 '파트너'이다.

회사 경영현황은 매월 15일까지 사원의 개인 이메일로 통보되며, 분기에 한 번씩 사장이 직접 비디오 메시지로 전 직원에게 경영상황을 알린다. 또, 임원들이 참여하는 모든 경영진

회의는 노조를 비롯한 전 직원에게 열려 있어 원하는 직원은 언제든지 경영진 회의에 참석할 수 있다.

석위수 공장장은 "투명경영을 실천하다보니 임원 및 직원이 경영현황에 대해 아는 수준이 거의 같을 정도"라며 "볼보 내에는 상의하달식의 권위주의적인 문화 대신 서로 상의하는 풍토가 자리잡았다"고 말한다.

그러나 2001년 파업 때에는 '무노동 무임금'의 원칙을 엄격하게 적용해 확고한 선례를 남기기도 했는데, 전태옥 인사담당 부사장은 "'원칙과 법의 준수'에 기반한 대화와 타협이 선진 노사관계의 핵심"이라고 강조했다.

삼성중공업 시절 사실상의 '금기사항'이었던 노동조합 결성을 회사 측이 먼저 지원했고, 선진국 노사관계를 현장에서 직접 보여주기 위해 회사 측이 노조 간부들에게 스웨덴 본사 노조 견학을 주선해주기도 했다.

그러다보니 이 회사의 에릭 닐슨(Eric Nielsen) 사장은 한국 중앙 정부 부처와 지방자치단체, 전국경제인연합회 등 경제단체로부터 '외국기업 유치'와 관련해 가장 자주 초청받는 단골 강연자가 되었다.

그는 지난 2003년 6월 26일 열린 창립 5주년 기념 기자간담회에서 "한국 정부는 무엇이 법이고, (그것이) 어떻게 집행되는지 명확하게 보여줘야 한다. 일관성 없는 노동정책이 외국기업의 투자를 망설이게 한다"고 일침을 가했다.

또한 그는 "한국의 인프라와 인적 자원 등은 세계 최고 수준"이라며 "법과 원칙에 입각한 선진형 노사관계가 정착되고 노동시장의 유연성만 보장된다면 한국으로 들어오는 외국인 직접투자가 지금보다 훨씬 더 늘어날 것"이라고 말한다.

사례 2 경남 마산시 마산 자유무역지역의 '터줏대감'으로 통하는 한국소니전자. 지난 1972년 설립된 한국소니전자는 일본 소니사의 한국 내 판매법인인 소니코리아와 달리 설계와 생산을 직접하는 현지 공장이며, 소니의 70여 개 해외공장 중에서 최고로 손꼽힌다. 일본의 소니 본사 사업부에서는 "히트상품을 만들려면 한국소니전자에 설계를 의뢰하라"고 말할 정도로 실력을 인정받는다고 한다.

이를 바탕으로 지난 2001년에는 10억 달러 수출로 은탑산업훈장을 받았고, 2003년에는 태평양경제협의회 환경상 금상을 수상하기도 했다.

전재철 사장은 "카스테레오에서부터 DVD홈시어터에 이르기까지 모든 제품을 독자 기술로 설계한다"며 "전세계 소니 해외공장 중에서 유일하게 현지 설계체제를 갖췄다"고 자랑한다. 그는 그러나 "인건비만 본다면 벌써 공장 문을 닫았어야 할 것"이라며 "물론 외국기업이 해외에 진출하는 가장 큰 이유는 비용 문제이지만, 단순하게 제조 인건비만 고려하지 말고 전체 비용 개념을 도입해 생각해야 한다"고 강조한다.

그의 설명에 따르면 한국보다 인건비가 몇 배나 싼 태국과 제품 출하 가격이 비슷한 이유는 설계 단계에서부터 자동화하고 인력이 적게 드는 생산방법을 연구한 덕분이다. 이를 위해 한국소니전자는 이 지역의 우수한 두뇌를 유치해 소니 본사도 가져가는 설계기술을 만들어냈다. 즉, 인건비를 상쇄하고도 남을 만큼의 우수한 설계기술로 충분한 경쟁력을 갖출 수 있었다는 것이다.

그러나 보다 큰 성공요인으로는 '평생을 같이한다'는 독특한 노사문화가 꼽힌다. 한국에 진출한 많은 외국기업이 노사 문제로 시끄럽지만, 한국소니전자는 지난 30년간 파업을 경험해본 적이 없다. 노사 문제가 유혈사태까지 빚을 정도로 심각했던 지난 1980년대 후반에도 이는 마찬가지여서 지금껏 무단결근으로 인해 해고한 것 외에는 단 한 번의 해고도 없었다고 한다. 전 사장은 "회사는 어려울 때도 함께한다는 인식을 심어줬다"며 "임원이 수시로 노조위원장을 만나고 사업계획도 투명하게 발표한다"고 말한다. 실제로 위기가 닥쳤을 때 회사의 비전을 제시함으로써 종업원들이 믿고 따라올 수 있게 하고 상생(相生)의 전략을 추구해온 게 큰 원동력이 됐다는 것이다.

위의 두 가지 사례를 통해 확인할 수 있는 것은 노사관계가 건강하고 잘 해결된다면 한국에 들어온 외국기업도 어느 곳 못지않게 뛰어난 생산성을 낼 수 있다는 사실이다. 아울러 한국 내에서도 기업 경영자와 노동조합이 얼마든지 의기투합할 여지가 많다는 점도 배울 수 있다. 이 밖에 외국기업의 최고

리더의 역할과 능력도 중요한 요인임에 틀림없다.

대표적으로 디지털복합사무용 기기 전문제조회사인 한국후지제록스의 다카스기 노부야[高杉暢也] 회장을 보자. 그는 회사 안에서 아예 '삼겹살 회장'으로 불린다. 종종 직원들과 삼겹살에 소주를 곁들이면서 터놓고 이야기하기를 즐기기 때문이다. "현장에서 일어나는 일을 제대로 모르면 경영이 투명해질 수 없다"는 지론을 갖고 있는 그는 스스로 투명경영과 선진 노사관계 '전도사'를 자부한다.

특히 노사 간에는 무엇보다 '신뢰'가 최우선이라는 그의 신조와 강력한 실천에 힘입어 한국후지제록스는 2001년 봄 주한 외국기업으로는 최초로 노조로부터 '노사 무분규 선언'을 이끌어냈으며, 노동부의 '신노사문화대상 대통령상'도 받았다.

이 회사는 2003년 5월 말 마감한 임금협상에서도 3년 연속 무교섭 임금협상 성공을 기록했고 경영성과도 5년 연속 상승 곡선을 그리고 있다. 노조 측은 "회사 측이 경영에 관한 정보를 투명하게 공개하면 회사의 경영상태를 충분히 파악할 수 있어 생산성을 높일 수 있고, 이는 실제로 노사 모두에게 이익이 되고 있다"고 공공연하게 밝힐 정도이다.

몸소 한국의 노조 문제를 생생하게 체험했다는 다카스기 회장은 "한국이 외국인 직접투자 유치에 성공하려면 강성 노조로 대변되는 국가 이미지를 개선하고, 외국기업에서 노사관계 성공 사례를 하나씩 하나씩 많이 만들어 이를 해외에 적극 알리는 게 효과적인 방법"이라고 강조한다.

한편 외국인 투자자들에게 매력적인 환경을 조성해주기 위해서는 외국기업이 마음껏 비즈니스 활동을 할 수 있도록 만들어주는 한국 정부나 해당 지방자치단체의 노력도 긴요하다고 할 수 있다. 이제 여기서 한 걸음 더 나아가 '한국형 외국인 직접투자'가 성공하려면 정부나 지자체가 구체적으로 어떠한 노력을 펼쳐야 하는가를 찾아보기로 하자.

한국형 외국인 직접투자 성공 모델, 경남 진사공단

아직도 많은 한국인들이 '외자유치' 성공사례로 아일랜드·상하이 같은 곳을 벤치마킹하는 경향이 있다. 멀리 해외로 눈을 돌릴 필요가 없다. 경상남도의 외자유치에 대한 열정, 공무원들의 태도 및 업무 추진력을 한국의 중앙 정부와 지방 관청들이 적극 벤치마킹한다면 한국은 동북아 허브 (hub, 중심)에 훨씬 쉽게 다가갈 것이다.

(「조선일보」, 2003년 7월 4일.)

2002년에 1,300억 원을 투자해 경남 사천 진사공단에 최첨단 담배공장을 설립한 영국계 담배회사인 브리티시아메리카토바코(BAT)코리아 존 테일러(John Taylor, 현 BAT러시아 지사장)의 주장이다.

사천시 사남면 일원 77만 5,000평 규모 부지에 자리잡고 있는 진사(晉泗)지방공업단지는 1999년 이후 2003년 8월까지 경상남도가 유치한 외국기업 12개 가운데 8개가 입주해 있는 외국기업의 '요람'이다.

진사공단은 이 기간 중 도의 총 외자유치 금액(6억 4,400만 달러)의 대부분(6억 1,400만 달러)을 독식(獨食)했으며, 사천시는 경상남도의 10개 시 가운데 규모가 가장 작지만 외자유치 실적은 1위를 달리고 있다.

진사공단이 성공한 비결은 도로·항만·공항을 갖추고 있는 지리·물류적 강점 때문만은 아니다. 외국인들의 거주 및 교육 환경을 개선하기 위해 공단 입구 주변에는 외국인 학교가, 학교 인근 부지에는 근로자를 위한 분양 아파트와 외국인 임직원 전용 아파트 단지가 들어서 있으며, 2005년에는 630가구분의 근로자 임대 아파트도 완공될 예정이다.

박민묵 산업단지공단 사천사무소장은 "2004년 봄학기 유치원과 초·중등 12개 학급 개설을 목표로 8명의 외국인 교사를 확보했다"며 "외국인학교 사업비 56억 원 중 24억여 원은 경상남도와 사천시가 지원한다"고 말한다.

외국 기업인들의 단골 불평거리인 생활환경과 자녀교육 애로점을 근본적으로 해결하기 위해 '말'이 아니라 '행동'으로 직접 실천하고 있는 셈이다.

사천공단에 입주한 외국 기업인들은 무엇보다도 첫 번째 성공 요인으로 원스톱(one-stop) 서비스를 꼽는다. 1999년 진사단지 내 외국인 투자기업으로 처음 입주한 '한국경남태양유전'은 사업계획서 제출 49일 만에 기공식을 가졌고, 2002년 3

월 진사공단에 진출한 일본 JS테크사는 사업계획서를 제출한 지 19일 만에 착공 허가에 필요한 모든 행정절차 처리를 마쳐 한국진출 최단기록을 수립했다.

한국 JS테크 야마키 준[八卷潤] 공장장은 "규제가 복잡한 한국에서 최소 1년 이상을 예상했는데 시의 초스피드 행정 서비스에 놀랐다"고 혀를 내두른다.

경남태양유전 사례는 원스톱 서비스 시스템 정착에 중요한 시금석이 됐다. 경남태양유전은 일본태양유전이 2억 1,200만 달러를 투자해 설립한 적층(積層) 세라믹 콘덴서 생산업체인데 '신규 공장 창설형' 투자로서는 당시 국내 최대 규모였을 뿐 아니라 외국인 투자 촉진법에 의해 지정된 외국인 투자지역 국내 1호이기 때문이다.

2003년 중반부터 연간 150억 개비 생산 규모의 담배제조공장을 가동중인 영국계 담배회사인 BAT코리아의 존 테일러 전 사장도 "1억 달러대의 대형 프로젝트를 계획서 제출 50여 일 만에 착공한 것은 전세계 86개 BAT 현지 공장 가운데 처음 있는 일"이라고 찬탄했다.

이 같은 '스피드'는 사천시와 경상남도가 긴밀한 공조체제와 '원스톱 실무 지원팀' 등을 가동, 고객 만족에 나서고 있기 때문에 가능한 것이다. 사천시청은 외국기업이 투자의향을 표시하는 날부터 관련 기관이 참여하는 '설립지원 기획단'을 구성해 전력·용수·폐수처리, 환경평가, 건축 허가 등 10개가 넘는 인·허가 절차를 발로 뛰며 직접 처리해준다.

또, 시 의회와 시민단체·금융기관 관계자 등 10명은 2000년부터 '외국기업 투자유치 위원회'를 구성, 외국기업 투자유치 지원과 애로사항 해결에 발벗고 나서고 있다. 김기석 사천시 의원은 "덕분에 지금까지 외국기업에 대한 반대 시위는 물론 공단 내 노사분규가 단 한 건도 발생하지 않았다"고 자랑한다.

외국기업 유치를 위해 시민이 똘똘 뭉친 것도 한몫했다. 일본 부품소재 기업인 한국경남태양유전의 스카다 아키라 상무는 "우리가 용수 가격이 비싸다고 호소하자 시 의회가 즉각 조례를 고쳐 일반 용수 가격의 1/3인 공업용수 항목을 신설해 큰 감명을 받았다"고 말했다.

BAT코리아의 존 테일러 사장은 한국 내 투자를 위한 최종 후보지 선정 과정에서 경남도청과 사천시청 공무원들이 보여준 선진적인 투자유치 활동, 특히 투자유치 담당 공무원들의 열정과 적극적인 태도가 인상적이었다고 말한다. 처음 투자 관련 사업계획서를 제출하자 경상남도는 특별전담팀까지 구성해 공장 건설 인·허가에 필요한 절차를 돕는 24시간 원스톱 서비스를 제공했다. 담당 공무원들이 자신의 일처럼 발벗고 나서 협조를 해준 것이다.

비즈니스맨 출신인 김혁규 전 지사는 "원스톱 서비스는 '제도'라기보다는 '자세'의 문제"라고 말한다. 그는 서비스 시행 초기에(예를 들어 태양유전의 경우), 실무기획단에서 모든 일을 알아서 처리해줬기 때문에 도청 외 다른 부처를 방문할 필요가 없었는데, 공무원들이 관련 서류를 들고 중앙부처를 찾아가 인·허가를 받으니까 '혹시 돈 받고 저러는 게 아닌가' 하는 오해를 사기도 했다고 털어놓았다. 그러나 그는 이것이 공직 사회에 새로운 변화의 바람을 불어넣는 계기가 됐다고 생각한다고 밝혔다.

진사공단이 외국 투자자들에게 인기를 모으는 또 다른 이유는 철저한 '애프터서비스(AS)' 때문이다. 일례로 경남도청과 사천시청 투자유치 담당 직원 10여 명은 외국기업을 전담 관리하는 '기업 AP(assistant partner)제'를 운영하고 있다.

경상남도 투자유치과 천성봉 팀장은 "해당 기업이 요청하지 않더라도 매달 1~2회씩 담당 기업을 찾아가 어려운 점을 솔직히 얘기하고 해결 방안을 마련한다"고 말했다. 이들은 모두 영어·일본어 등에 능통하다는 공통점을 갖고 있다.

BAT코리아 데이브 브로이언 공장장은 "150명의 신입사원을 처음 모집할 때 시청 공무원들이 사원 모집 공고, 홍보활동 그리고 6,500여 통의 서류 접수까지 대신해줘 인력 절감에 큰 도움이 됐다"고 말한다.

사천시청은 한 걸음 더 나아가 일본계 기업들을 겨냥해 3,000만 원의 시 예산을 들여 2003년 초 공단 내 1km 거리에 500여 그루의 벚꽃나무를 심었다. 시 관계자는 "공단 내 거리명을 입주업체 이름을 따 '태양유전로(路)' 등으로 명명하기로 결정했다"고 말했다. 태양유전, JS테크 등 이미 진사공단에 입주해 있는 4개 일본계 기업은 물론, 일본계 기업을 추가로 유치하기 위한 우호적 제스처인 셈이다.

이 밖에 태양유전의 카와다 미츠쿠 사장이 2000년 경남도청의 추천으로 동탑산업훈장을 받은 것도 일본 기업인의 최초 산업훈장 수상이라는 점에서 일본 재계에 적지 않은 파장을 끼쳤다.

외자유치에 따른 성과도 적지 않다. 한국경남태양유전이 1,150명을 고용한 것을 비롯, 12개 외자기업이 들어서면서 1,800여 명이 새로운 일자리를 구했다. 또 태양유전은 2000년 5월 준공 이후 2002년까지 약 3억 1,200만 달러의 수출실적을 기록, 무역수지 개선에 상당 부분 기여했다.

덕분에 진사공단 인근인 사천읍과 사남·정동면 지역은 농촌지역임에도 1997년 2만 9,000여 명이던 인구가 2002년 말에는 3만 5,000명으로 급증했다. 사천시의 수출실적도 1999년 말 9,200만 달러에서 2002년에는 2억 4,500만 달러로 세 배 가까이 늘어나는 등 외자유치로 지역경제가 전례 없는 활기를 띠고 있다.

특히 12개 외자기업 중 JS테크 등 7개사는 재정경제부로부터 '고도기술 수반사업'으로 지정될 정도로 기술력을 가진 기업이어서 눈에 보이지 않는 기술이전 효과도 적지 않을 전망이다.

오춘식 경상남도 투자유치과장은 "가시적 성과가 적지 않았지만 외자유치에 대한 공무원들의 인식과 자세 변화, 자신감의 축적이 무엇보다 큰 소득"이라고 말했다.

진사공단의 외국기업 투자유치 경쟁력이 널리 알려지면서 외투기업들의 상담문의와 투자의뢰도 봇물을 이루고 있다. 일본 모리타금속이 공단 내 외국인 전용공단 3,000평에 2,000만 달러를 투자하겠다며 경상남도와 양해각서를 체결했고, 독일 ZF사는 3,500만 달러 투자의사를 밝혔다.

한마디로 사천시는 진사공단의 역동적인 생명력에 힘입어 외국인 기업과 지역 주민들에게 '변방의 땅'이 아닌 '기회와 성공의 땅'으로 변모하고 있는 것이다. 한국이 외국인 직접투자 유치 후진국이라는 오명을 떨쳐버리고 세계적인 외국인 직접투자 선진국으로 도약하려면, 진사공단 같은 사례가 전국 각 지역으로 확산돼야 하지 않을까?

이런 변신은 해당 지방자치단체의 리더들과 주민들이 뚜렷한 목표를 정하고 한마음이 되어 뛴다면 반드시 불가능한 얘기만은 아닐 것이다. 상당수 지방자치단체들이 경남도청이나 사천시청 못지않은 충분한 잠재력과 능력을 갖고 있기 때문이다.

떠오르는 '외국인 직접투자 블랙홀', 중국의 약진

외국인 직접투자 유치를 위한 중국 중앙 정부와 지방 정부의 노력은 상상을 초월한다. 단적으로 중국 베이징시 당국은 2003년 들어 외국투자를 유치하기 위해 외국기업에서 근무하는 임원 개개인의 주택과 자동차 구입비까지 챙겨주고 있다. 총지원금은 189만 위안(약 2억 7,400만 원) 남짓하지만 시 당국의 세심한 배려가 주는 대외 홍보효과는 상당하다고 기업인들은 말한다. 중국 지방 정부 간 외자유치 경쟁도 뜨겁다. 한국기업들을 향한 '러브 콜'을 경쟁적으로 내보내는 두 가지 사례를 보자.

사례 1 2003년 8월 20일 낮. 서울 강남구 삼성동 인터콘티넨탈 호텔. 인구 860만 명의 도시인 중국 산둥성[山東省] 웨이팡시 당서기 장촨린[張傳林] 씨는 공무원 50여 명과 함께 한국 기업인들을 끌어들이기 위해 두 시간째 목소리를 높여 투자 설명회를 열고 있었다. 동행한 공무원들은 한국 기업인과 공무원·언론인 등 참석자들을 일일이 붙잡고 영어를 섞어가며 투자조건을 얘기하느라 바쁜 모습이었다.

칭다오[青島]와 지난[濟南]시 중간에 있는 웨이팡시는 사실상 한국인들에게는 '무명'이나 다름없는 도시로 면적(1만 5,800㎢)이 서울의 25배나 되지만 인구 규모는 중국 기준으로 볼 때 중소 규모인 전형적인 시골 도시이다.

장촨린 서기는 "현재 산둥성에 진출한 한국기업의 80%가 '임가공(賃加工)을 통한 재수출업체'들인 만큼 웨이팡시야말로 한국기업에 가장 적합한 기업환경을 갖추고 있다"고 말했다. 실제로 웨이팡시는 모든 외국인 투자기업에 대해 기업소득세(법인세)를 2년간 면제하고, 이후 3년 동안에는 50%를 감면하기로 결정했으며, 또 현지에서 만든 제품의 70% 이상을 수출하는 기업이나 수익금의 일정 한도를 재투자하는 기업에게는 기업소득세 면제 혜택을 부과하기로 결정했다.

이 밖에 장찬린 서기는 설비기자재에 대한 수입관세 면제와 토지사용료나 전기요금 등의 운영비용에 대한 파격적인 조건을 제시해 참석자들의 관심을 끌었다. 심지어 한국인 유학생이 웨이팡시 현지에서 투자창업을 하면 아파트와 사무실을 무상 제공한다는 조건도 내세웠다.

웨이팡시 공무원들은 임가공 수출업체가 많은 한국기업 입장에서 근로자 임금이 저렴하고 한국과 가까운 거리로 물류운송 비용이 비교적 적게 든다는 구체적인 장점을 제시했다. 실제 웨이팡의 평균 근로자 임금은 월 85-90달러로, 인근 칭다오(100달러), 상하이와 광저우(150-200달러)보다 낮다고 강조했다.

설명회에 참석한 KOTRA의 장행복 칭다오 무역관장은 웨이팡을 포함한 산둥성의 투자유치 제1목표는 '한국'이라며, 투자유치에 실패한 공무원은 즉시 경질하고 실적을 올린 공무원은 파격적으로 승진시키는 모습을 보면 섬뜩한 느낌마저 든다고 말했다.

투자유치에 성공한 중국의 공무원들은 각 지자체마다 정한 기준에 따라 투자유치 금액의 일정 비율을 인센티브(성과금)로 지급받는다. 그래서 더더욱 공무원들이 목숨을 내건 듯이 외국투자 유치에 나서고 있는 것이다. '사회주의적인 중국에 자본주의적 바람이 분다'는 표현은 바로 이런 적극적인 경쟁과 실적을 강조하는 관청에서부터 딱 들어맞고 있는 셈이다.

정부의 소극적인 대응과 노조의 무리한 요구, 융통성 없는 기업규제, 반미(反美) 시위 등으로 투자유치에 애를 먹고 외국 기업의 투자계획이 각종 행정 규제에 발목이 붙잡혀 있는 한국과 대비되는 현장이다.

사례 2 2003년 8월12일부터 16일까지 사상 처음으로 서울과 울산에서 투자유치 설명회와 제조업 공장견학 활동을 벌이고 돌아간 중국 광둥[廣東]성 장먼[江門]시 공무원들은 이보다 한 걸음 더 나아간다.

이들은 닷새 동안의 체류기간 중 "불편은 정부가 떠안고, 기업에겐 편리함만 드리겠습니다" "투자만 하십시오. 부지 선정부터 인터넷 개통까지 단번에 해결해드리겠습니다"라는 구호를 내세웠다. 이들의 역동적인 투자유치 활동을 접한 국내 대기업과 중소기업 관계자들은 절로 경탄을 자아냈다.

투자유치단을 이끈 장먼시 펑장[蓬江]구 조우지아준 구장(區長)은 장먼에 투자하면 6통(通)·1평(平)을 확실하게 제공해 주겠다고 한국 관계자들에게 공약했다. 6통이란 도로·전기·전화·수도·하수도·인터넷이고, 1평은 '땅고르기 작업을 끝낸 부지 제공'을 의미한다.

장먼시가 현지 투자기업에 제공하는 인센티브는 공장부지·금융·세제·인력교육 등 다양하다. 공장부지의 경우 1평당 30달러의 가격으로 50년간의 소유권과 사용권을 준다. 여기에는 현재 땅을 소유한 농민들에 대한 보상비용이 포함돼 있다. 입주 기업은 50년 이내라도 필요에 따라서는 언제든지 땅을 팔 수 있다.

금융 혜택 면에 있어서는 설비투자 비용의 60%까지 2%의 금리로 달러화를 대출해준다. 또, 법인세(24%)는 기업이 최초 이윤이 발생한 이후 2년까지 면제하고, 이후 3년간은 50%를 감면해준다. 수출을 70% 이상 하는 기업에 대해서도 법인세 50%를 면제해준다. 뿐만 아니다. 인력 제공에 있어서는 정부 산하의 직업훈련원에서 전자·컴퓨터 등 기초교육을 실시한다. 임금 수준은 월 50-60달러에 불과하다. "불편은 정부에게, 편리함은 모두 기업에게"라는 철저한 기업 중시 마인드를 에누리 없이 실천하고 있는 것이다.

방한한 장먼시 투자유치단 11명의 평균 연령은 43세로, 이 중 공산당 대표와 인민대표를 제외한 정부 공무원의 평균연령은 39세에 불과하다. 이들은 대부분 공대를 졸업한 엔지니어 출신들로 구성돼 있다.

장먼시에 진출해 있는 현대모비스의 이춘남 광동현대법인장은 "후진타오 주석 취임 이후 광둥성과 장먼시의 공무원 연령이 10년 이상 젊어졌다"며 "이들은 국적을 가리지 않고 관련 기업들의 민원을 그 자리에서 해결해준다"고 말했다.

이런 투자유치 노력에 힘입어 ㈜K&W, 영동산업, 파인디엔시, 캐프 등 국내기업 네 곳이 이미 장먼시에 진출했다. 이 중 하나인 자동차 바닥용 매트 생산업체인 ㈜K&W는 2002년 7월 현지법인 설립 의향서(MOU)를 맺은 지 불과 4개월 만인 같은 해 11월에 제품생산을 시작했다. 이 회사는 총 100만 달러를 투자했다. 이 중 현지 은행에서 40만 달러를 2.7%의 금리로 융자받았고, 중국 정부는 세금 감면 혜택을 줬다.

전홍기 사장은 "중국 공장을 설립하는 과정에서 내가 현지 공무원들에게 밥을 단 한 번도 사지 않은 반면, 공무원들이 수시로 찾아와 우리 직원들을 접대하면서 '불편한 사항은 없느냐'고 수시로 물어 깜짝 놀랐다"며 "공장 하나 설립하려면 최소 몇 년은 걸리는 우리나라와 중국은 더 이상 비교 대상이 아니라는 인상을 받았다"고 말했다.

이들 중국 두 개 도시의 헌신적인 투자유치 사례는 중국이 세계 최고 수준의 외국인 직접투자 강국으로 떠오른 비결이 어디에 있는지를 분명하게 보여준다.

현재에도 중국 지방 정부를 위시한 각 지방자치단체들은 투자유치단을 속속 한국에 보내고 있는 실정이다. 이러한 중국 투자유치단의 방한 러시는 중국 지자체들의 외국인 투자유치 열망과 우리 기업이 중국에 진출하려는 계획이 맞아떨어지고 있기 때문이다.

무역협회 중국팀 여종욱 참사는 "중국이 성, 시 사이에 투자유치 경쟁체제를 도입한데다 투자유치의 건수와 금액을 승진 보직에 반영하고 내부적으로 보너스 등 인센티브제까지 실시하면서, 이들이 사활을 걸고 투자유치에 나서고 있다"고 분석한다.

일례로 40여 개국에서 500여 개 외국계 기업들이 입주해 있는 중국 산둥[山東]성 칭다오[靑島]항의 보세(保稅)구역을 관리하는 보세관리위원회는 100여 명의 공무원들로 구성된 외자(外資)유치 '특공대'로 통한다. 이들의 평균 연령은 35세로 세계 어느 나라 기업인이 와도 통역이 가능하다. 외국에서 일했거나 공부한 경험이 있는 사람만 선발했기 때문이다.

더 놀라운 것은 보세관리위원회 공무원들의 인사 시스템이다. 연말 평가 때 외자유치 실적이 좋으면 승급, 나쁘면 즉각 강등이라는 엄격한 규칙이 적용되는 것이다. 국장급에 빈자리가 생기면 평직원도 누구나 지원이 가능하다. 그러나 어렵게 뽑혀도 6개월 동안 상당한 실적을 보여야 정식 발령을 받는다. 현지의 공무원들은 이를 '고무줄 인사'라고 부른다.

조직도 지역별 경쟁체제여서, 1국은 대만과 싱가포르, 2국은 홍콩, 3국은 한국과 일본, 4국은 유럽 등이다. 이는 각 나라별로 외자를 유치하고 유치한 기업들을 사후관리하는 시스템으로, 다시 말해 외자유치 실적이 공무원 개개인의 승진과 거액의 현금 보너스 수입을 직접 결정짓기 때문에 외자유치에 심혈을 쏟는 것이다.

1995년 LG전자와 합작을 통해 다 망해가는 국영 냉장고회사를 살린 왕즈핑[王治平] 총경리는 그 공로를 인정받아 이후 톈진시 경제위원회 주임까지 5단계나 고속 승진하는 쾌거를 일궜다. 외자유치 후 거액의 현금 보너스를 받은 공무원들도 많다. 산둥성 칭다오 항의 보세관리위 공무원들은 중국의 다른 공무원들보다 연봉이 월등히 높다. 이들의 연봉 결정 기준은 외자유치 실적이며, 100% 인센티브 연봉제를 적용받는다는 것이 특징이다.

이렇게 끌어들인 외국 직접자본은 중국에서 이미 2000년 말까지만 610여 만 명의 일자리를 창출했고, GDP의 30% 이상을 기여하는 '효자' 노릇을 톡톡히 하고 있다. 선진국들의 모임인 OECD조차 중국의 적극적인 외국인 직접투자 유치 노력과 성과를 공인할 정도이다.

OECD가 2003년 7월 중국경제의 성장과 외국인 투자와의 관계를 분석해 발표한 '중국경제의 발전과 개혁도전'이라는 특별 보고서는 "외국인 직접투자를 적극 유치하고 활용한 것이 지난 25년간 중국경제의 발전을 이끈 원동력"이라고 결론 짓는다.

중국은 이미 2002년 한 해 동안에만 527억 달러(중국 정부 발표)의 투자를 끌어들여 미국을 제치고 세계 1위의 외국인 투자 유치국으로 자리잡았다. 그래서 OECD는 중국 중앙 정부와 지방 정부 등의 외국인 직접투자 유치 노력이 중국을 '세계의 공장'으로 바꾼 일등공신이라고 평가한 것이다.

외국인 직접투자가 중국경제에 미치는 영향은 실로 엄청나다. OECD 분석에 따르면, 지난 2000년 말 기준으로 중국 내 외국인 기업이 고용하는 근로자는 모두 610만 명으로 중국 내 전체 근로자의 약 1%, 제조업 종사자의 1.7%에 이른다. 또, 외국인 기업의 산업 생산량은 중국 전체의 22.5%(2000년 말 기준), 외국인 기업의 수출입 물량은 중국 전체 무역 규모의 절반을 차지했다. OECD는 "외국인 기업이 도입하는 기술과 경영기법 등이 중국 내 기업에 전파되는 학습효과도 상당하다"고 분석했다.

물론 OECD는 이 같은 외국인 투자유치의 문제점도 지적했다. 세계의 투자행렬이 중국으로 이어지고 있지만, 중국 인구가 14억 명에 이르다보니 1인당 외국인 투자금액은 30달러 (2000년 기준) 수준에 불과, 1인당 1,000-3,000달러 수준인 선진국들과는 비교할 수 없을 정도로 낮다는 것이다. 외국인 투자의 상당 부분이 저기술 산업이고, 단기투자라는 것도 약점으로 꼽힌다고 OECD는 지적했다.

그러나 이런 약점을 감안해도 중국이 외국인 직접투자를 끌어들일 만한 매력은 너무도 많아, 외국인 투자는 앞으로 더욱 증가할 것이라는 게 세계적인 경제전문기관들의 공통된 전망이다.

중국 대외무역경제합작부는 2003년 상반기 중 영업 허가가 난 외국계 자본 투자기업은 모두 15,155개로 지난해 같은 기간보다 26.4% 증가했고, 같은 기간 중국에 유입된 전체 외국인 직접투자 규모도 전년 동기대비 18.7% 증가한 246억 달러라고 밝혔다. 이들은 다국적 기업들이 연구개발센터와 본사를 중국으로 이전, 자신들의 투자패턴을 변화시키고 있는 점은 주목할 만한 일이라면서, 이는 중국의 WTO(세계무역기구) 가입에 따른 획기적인 변화라고 평가했다. 현재 중국에 개설된

다국적 기업 산하 연구개발센터는 120개가 넘는다.

문제는 중국이 '외국인 직접투자 블랙홀'로 떠오르면 떠오를수록, 직접적인 피해는 한국이 입게될 가능성이 높아진다는 사실이다.

일례로 2003년 10월 21일부터 3박 4일 동안 서울과 경기도 일대에서 투자설명회를 열었던 중국 광둥성은 비록 계약 단계이지만 18억 달러어치의 투자유치 계약이라는 성과를 올렸다고 자랑했다. 이는 2003년 상반기 중 외국인이 우리나라에 직접투자한 전체 액수(15억 달러)보다 더 많은 수준이다.

주한 중국대사관 이서봉 공보관은 "중국 성들이 산업 구조 조정 마무리 단계에 있는 한국의 제조업을 목표로 삼아 집중적으로 유치활동을 벌이고 있다"며 "사스 때문에 주춤했던 투자유치단이 2003년 하반기 들어 한국을 대거 방문하고 있다"고 말했다.

이들은 공무원과 공무원, 기업과 기업끼리 일대일로 접촉하고 각 공단을 방문해 저인망식으로 투자기업들을 훑고 다닌다. 그러다보니 투자유치단의 규모도 광둥성의 경우, 관광 대표 120명, 정부 공무원 100명, 관련 중국 기업인 등을 합쳐 2,000여 명을 넘을 정도로 크다.

이런 파상적인 중국 지방 정부의 공략 노력으로 한국을 떠나 중국으로 들어가는 이른바 '탈경입중(脫京入中)' 기업들이 급증하고 있다. 특히 중앙 정부의 규제와 지방 정부의 미온적인 지원에 불만감을 갖고 있는 수도권 기업들의 탈출 러시가

두드러진다.

2002년 말에 경기도에서 중국으로 빠져나간 기업 수는 1,443개로, 한 해에만 약 350개 경기도 소재 기업이 중국에 공장을 세웠다. 금액으로 따져 직접투자가 전년보다 1억 4,000만 달러(55%)나 증가한 것이다.

이런 중국의 놀라운 약진세가 우리에게 시사하는 바는 무엇일까? 거대 중국은 세계적인 불황으로 지구촌 곳곳이 예외 없이 몸살을 앓고 있던 2002년에도 유일하게 외국인 직접투자가 급증해 '무풍지대'임을 보여주지 않았던가?

한국기업이 파격적으로 유리한 조건을 제시하는 중국으로 옮겨가면 갈수록 그만큼 한국 내 고용 기회는 줄어들게 된다. 물론 중국 내 생산이 늘어나면 중국 진출업체에 원자재나 부품 공급이 늘어 한국의 대중 수출도 따라서 증가할 가능성도 있다. 그러나 이는 중국 정부의 정책에 따라 얼마든지 제약받을 수 있다.

들어오는 외국기업과 투자자본은 배척하고, 한국에 있는 기업들은 외국으로 떠나보내는 최악의 상황이 심화될수록 한국 경제의 미래는 어두운 잿빛으로 바뀔 수밖에 없는 것이다.

중국 대륙의 저돌적인 외국인 직접투자 노력과 현란한 움직임에 더 이상 경탄할 시간은 없다. 비상한 경각심을 갖고 한국의 기업환경 개선에 나서지 않는다면 10~20년 이후 한국 경제가 중국의 거대한 그림자에 가위눌리는 '사태'가 올 것임이 불을 보듯 뻔하기 때문이다.

발로 뛰어 외자를 유치하라! : 선진국으로부터 배우는 외국인 직접투자 유치전략

유럽의 외국인 직접투자 '교과서', 아일랜드

유럽의 가장 서쪽에 자리잡고 있는 아일랜드는 인구 360만 명에 불과한 소국이다. 게다가 자연환경도 열악하여, 척박한 땅에 먹을 것이라고는 감자밖에 없었던 19세기 중반에는 '감자 대기근'으로 당시 800만 명이었던 인구 가운데 100만 명이 굶어 죽는 대재앙을 겪기도 했다.

아일랜드 출신의 문호 제임스 조이스는 단편소설 「더블린 사람들」에서 당시 수도 더블린을 가난과 음산함이 뒤섞인 '마비된 도시'로 묘사했을 정도이다.

하지만 1990년대 들어 연평균 8%가 넘는 경이적인 경제성장을 지속한 아일랜드는 1980년대 '아시아의 네 마리 용'에 비견되는 '켈틱 타이거(Celtic tiger, 켈트족 호랑이)'라는 새로운 별명을 얻었다. 과연 무엇 때문일까?

지리적인 위치상 '유럽으로 통하는 관문(gateway to Europe)'으로 불리는 아일랜드에서 외국기업이 차지하는 비중은 거의 '절대적'이다. 실제로 외국기업은 아일랜드 국내총생산(GDP)의 35%, 수출의 75%를 차지하고 있다.

수도 더블린의 윌튼 플레이스가(街)에 위치한 정부청사 '윌튼 파크 하우스'. 외국기업 투자유치 업무를 관장하는 IDA(Industrial Development Authority Ireland, 아일랜드산업개발청)를 비롯한 정부부처가 입주해 있는 이 건물에는 세계적인 경영컨설팅 회사인 프라이스워터하우스쿠퍼스(PWC)의 간판이 나란히 붙어 있다. 민간기업이 정부 청사에 입주한 것은 인·허가부터 법률 및 경영자문 서비스까지 외국인 투자 관련 업무를 한 건물 내에서 처리할 수 있도록 해 더 많은 외국기업을 유치하겠다는 의지의 표현이다. 이것은 아일랜드 정부가 외국기업 유치에 심혈을 기울이고 있는 생생한 사례인 셈이다.

이처럼 아일랜드가 외국인 직접투자에 발벗고 나선 것은 파탄에 빠진 경제를 살리기 위해서였다. 20세기 중반까지만 해도 '서유럽의 지진아' 또는 '최빈국'으로 불리며 조롱거리가 되었던 아일랜드는 1960~1970년대에 걸쳐 강성 노동조합의 격렬한 노사분규로 국가경제 전체가 황폐해졌다. 농업 이외에는 변변한 산업기반이 없었고 독자적인 중공업 제조업체도 없는 상황이었다.

그러다 1987년 10월 노·사·정 간에 타결된 사회연대협약(Social Partnership)의 토대 위에서 '국가 재건 프로그램' 가동을 시작했고, 변변한 산업기반이 없는 상태에서 외국인 직접투자는 곧 국가의 생명줄로 인식되었다. 그러다보니 국민들도 외국인 직접투자에 대한 공감대가 형성돼 외자유치 정책이 급물살을 탔다.

더욱이 1980년대 중·후반에는 아일랜드 국민들 사이에서 일자리를 찾기 위한 해외이민 열풍마저 불고 있었다. 이런 상황에서 외국인 직접투자는 일자리를 창출하는 등 사실상 '특효약'으로 통했다. 아일랜드 정부는 후발 주자로서 약점을 극복하기 위해 차별화된 외자유치전략을 구사했다. 먼저 정부는 외국기업들의 법인세를 10%로 낮췄다(2003년에는 12.5%로 인상). 당시 영국과 프랑스 같은 인접 서유럽 국가들의 법인세가 30-40%에 달하는 것에 비춰볼 때 이는 파격적인 조건이었다.

또, 주요 국가와 이중과세방지협약을 체결해 기업이 법인세를 이중으로 내지 않도록 했으며, 공장 설비와 건물·토지 구입에 들어가는 비용의 25-35%를 정부 보조금으로 지원해주었다. 이 과정에서 중심적인 역할을 수행한 주체가 IDA이다.

IDA는 건축개발 승인과 환경통제 허가를 제외한 전권을 갖고 외국기업들이 공장입지 선정부터 회사 등록까지 모든 서비스를 한 곳에서 받도록 지원했다. IDA는 이사장 등 3명은 공무원, 그 외 9명은 민간 분야 출신으로 구성된 이사회와 국내

업종별 담당 부서 및 해외사무소(70명)로 구성돼 있으며, 총 직원 수는 280명이다. 연간 예산은 약 1억 5,000만 달러에서 2억 달러에 이르며 자국 내 8개 지역 사무소와 15개 해외사무소를 운영하고 있다.

특히 IDA는 시장분석과 투자수요 예측 등을 위해 8명의 연구관과 변호사, 회계사 등을 채용하고 있으며, 업종별 담당관은 해당 분야에서 장기간 근무할 경우 지식이 정체되는 것을 막기 위해 5년마다 분야를 교체하거나 해외로 보직을 변경하고 있다.

이 IDA의 주도적인 노력에 힘입어 현재 아일랜드에 진출한 외국기업은 1,200여 개 정도이고, 이들 기업에 고용된 인력만 총 14만 명에 육박한다. 특히 IT(정보기술)와 금융 분야 기업유치에 초점을 맞춘 덕분에 아일랜드는 현재 IT기업의 개발및 제조기지로 각광받고 있는데, 마이크로소프트·IBM·인텔·델 등 300여 개의 다국적 IT회사들이 진출해 있어 '유럽의 실리콘 밸리'로 불린다.

실제 아일랜드 정부 관계자들은 "유럽에서 팔리는 컴퓨터 4대 중 1대는 아일랜드에서 만들어진 것이며, 소프트웨어는 60%가 아일랜드산"이라고 자랑한다. 일례로 썬마이크로시스템즈(SunMicrosystems)는 미국이 아닌 더블린의 유럽센터에서 자바 등 전략 품목을 개발하고 있고, 미국 MIT공대는 더블린에 연구개발(R&D)센터를 지었다.

금융 분야도 외국기업이 아일랜드 전체의 주도권을 쥐고

있다고 해도 과언이 아니다. 더블린 시내 동쪽 커스톰 하우스 둑에 위치한 더블린국제금융센터(IFSC)는 15만㎡ 규모의 넓은 부지에 초현대식 시설을 자랑하는 곳이다. 여기에는 메릴린치, 씨티뱅크, 스미토모은행, AIG 등 400개가 넘는 전세계 금융기관들이 들어서 있다.

아일랜드 중앙은행에 따르면 IFSC에서 조성된 펀드는 총 3,377건이고, 이들 펀드의 순수자산가치는 3,000억 유로에 이른다고 한다. IFSC는 사무실은 물론 호텔, 레스토랑, 공연장까지 갖춰 최상의 입지조건을 자랑한다.

아일랜드 정부는 자국경제의 활성화를 위해서는 거대 자본과 신기술을 겸비한 외국기업을 유치하는 길밖에 없다고 판단하고, 외국기업에 대한 진입장벽을 과감히 허문 것이다. 그러다보니 아일랜드에서는 외국기업과 토종기업 간의 차별이 전혀 없다. 정부에 내는 목소리의 강도도 두 기업이 거의 똑같다. IBM 현지법인 사장이 재계를 대표하는 아일랜드경제인연합회(IBEC) 회장을 맡고 있을 정도이다. (IBEC 회장은 아일랜드 토종기업과 외국기업 대표가 번갈아 맡는 게 불문율로 굳어지고 있다.)

덕분에 1987년을 기점으로 아일랜드 경제는 급속도로 안정을 찾았다. 1995년부터 2000년까지 아일랜드의 평균 경제성장률은 9.9%로 EU 전체 평균 경제성장률의 3배를 넘었다. 실제 아일랜드는 최근 수년간 세계적 전문기관들이 발표하는 국가경쟁력 순위에서 항상 상위 10위권 내에 진입했다. 국가채

무도 절반 수준으로 격감했으며, 한때 17%를 넘나들던 실업률은 2001년에는 3.9%를 기록했고, 1987년까지만 해도 1만 달러에도 못 미치던 1인당 국내총생산(GDP)은 불과 8년 만에 2만 달러를 넘어섰다. 그리고 2001년에는 3만 1,000달러를 돌파해 오랜 식민지 종주국이었던 영국(2만 4,000달러)을 누르고 서유럽에서 제일가는 부국 반열에 올랐다.

이 과정에서 IDA가 추진해온 활동상황을 살펴보면 다음과 같다. 먼저 양질의 노동력과 낮은 법인세, 유럽시장으로의 접근이 용이하다는 지정학적 이점 등을 국내외에 적극 홍보했다. 진출을 결정한 외국기업들에 대해서는 공장부지와 입지 선정, 합작 지원 및 경영자문 서비스 등을 제공했다. 또, 이미 유치한 기업들에 대해서도 컨설팅 등 사후 관리에 주력한다. 외국기업 유치에 관련된 모든 서비스를 원스톱(one-stop)으로 제공하고 있는 것이다. 여기에다 낮은 법인세와 함께 공장과 토지 구입에 25-35% 정도 지원되는 보조금과 고용창출·신제품 개발 등에 지원되는 보조금 등 아일랜드 정부가 제공하는 각종 인센티브도 외국기업을 끌어들이는 매력으로 꼽힌다. 영어를 쓰는 고학력의 젊은 인력들이 많은 것도 강점이다.

동유럽이 EU에 가입하면서 외국인 직접투자 경쟁국으로 급부상하고 있는 데 비해, 아일랜드 정부 측은 의약, 금융, 무역 서비스, IT 등 부가가치가 높은 하이테크 산업 집중 유치로 다시 한번 차별화를 시도해 경쟁에서 승리한다는 복안을 갖고 있다. 제조업체 공장보다는 연구개발(R&D)센터 유치에 초점을 맞추고 있는 것이다. 또, 지역 불균형 해소 차원에서 외국기업들을 더블린 이외의 지방으로 유치하기 위해 주력하고 있다.

여기서 특히 주목되는 것은 아일랜드가 외국인 직접투자에서 대성공을 거둔 원동력이 강경 노동조합의 코페르니쿠스적인 자세 변화에서 비롯됐다는 사실이다.

아일랜드가 발전하는 길은 외국의 투자를 많이 유치하는 길밖에 없었습니다. 그러자면 강성 노조가 버티고 있는 독일보다는 유연성을 갖는 미국식 노조운영으로 방향을 바꿀 수밖에 없었습니다. 그 결과 매력을 느낀 외국인 직접투자가 집중되어 고속성장의 원동력이 되었습니다.

(이종찬 전 국가정보원장, 「조선일보」 2003년 6월.)

브라이언 칼라난 IBEC 이사도 "아일랜드 민간기업의 80%는 노조가 없다. 한국이 아일랜드식 노사모델을 따르려면 먼저 이 사실을 알아야 한다"고 강조했다. 그는 "아일랜드 경제모델의 핵심은 임금협약이 적용되는 동안 기업은 생산에만 전념할 수 있다는 것"이라며 "노조도 정치나 사회적 이슈보다 임금에 가장 관심을 둔다"고 말했다.

물론 아일랜드의 외국인 직접투자가 국내총생산 대비 50~55%(우리나라와 비교해 5배 이상 높은 수준)에 이르는 게 반드시 바람직한 것만은 아니라는 반론도 타당하다. 외국 투자자본이 다른 나라로 빠져나갈 경우, 국가경제 전체가 휘청거릴 가능성이 농후하기 때문이다.

　그러나 우리가 더 귀 기울여야 할 부분은 다음과 같은 진단이 아닐까?

　　아일랜드 경제의 성공 비결은 무엇인가. 한마디로 말해 그것은 고부가가치의 제품과 서비스를 산출하는 외국인 직접투자를 최대한 유치해 근로자들의 고용확대와 국민복지 증진을 꾀하는 국가경영전략을 채택한 데서 찾아야 할 것이다. 아일랜드의 전·현직 정부 고위 인사들과 기업인, 그리고 경제전문가들은 한결같이 높은 국민교육 수준과 정부의 기업 친화적 시책들이 아일랜드 경제에 대한 외국기업과 투자가들의 신뢰를 쌓는 데 무엇보다 중요했다는 점을 강조했다.……아일랜드의 경우는 기업 부문이 경제성장과 국민복지 증진의 원천이라는 기본 시각에서 나온 기업 친화적 제반 시책을 정권교체와 관계없이 꾸준히 펴왔다는 사실에 주목해야 한다. 경제규모나 산업구조 면에서 크게 다르지만 세계화 시대의 이점을 현명하게 활용하려는 아일랜드의 국가경영전략은 우리에게도 시사하는 바 크다.

　　(사공일 세계경제연구원 이사장, 「중앙일보」 2002년 5월.)

　물론 아일랜드의 외국인 직접투자가 항상 탄탄대로만 걷는 것은 아니다. 1990년대 평균 0.6% 정도였던 임금상승률이 2001년 4.6%, 2002년 3.3%를 기록하며 가파르게 치솟고 있는데다 아일랜드 자국(自國) 산업이란 게 거의 없다는 치명적인 약점을 갖고 있기 때문이다. 아일랜드 정부는 뒤늦게 "토종기업을 육성하자"고 난리법석을 피우고 있지만, 세계경제포럼(WEF)의 국가경쟁력 조사에서 아일랜드의 경쟁력이 2000년도 2위에서 2003년에는 24위로 추락하는 아픔을 맛보았다.

아일랜드의 사례는 여러모로 곱씹을 만한 점이 많다. 첫째는 아무리 외국인 직접투자를 위해 경주한다고 해도 높은 임금인상률로는 더 이상 버티기 힘들다는 것이다. 둘째로 자국 기업의 버팀목이 없다면 외국인 직접투자에 의한 경제개발은 자칫 '모래 위의 성'처럼 허약한 경제로 이어질 수 있다는 사실이다.

그러나 외국인 직접투자를 실천하기 위한 노력이라는 측면에서 아일랜드와 비교할 때 '하늘과 땅'만 한 격차를 보이고 있는 우리나라의 입장에서는 계속해서 가파른 상승세를 보이는 임금 인상률과 심화되는 제조업 공동화를 더 이상 손놓고 지켜볼 수만은 없다.

더욱이 외국인 직접투자 선진국인 아일랜드는 2003년 10월 하순 아일랜드 기업진흥청(Enterprise Ireland)이 한국에 설치했던 위성사무소를 2004년 1월부터 정식 대표부로 승격시킬 정도로, 작은 성과에 만족하지 않고 투자유치를 위한 노력을 배가하고 있다.

이는 결국 우리 경제가 선진 수준으로 도약하려면 외국인 직접투자 유치와 더불어 자국의 핵심 기반산업 육성에 전력투

구해야 한다는 사실을 보여준다. 다시 말해 '한국 대표 기업'이 존재하지 않는 상태에서의 외국인 투자유치는 위험스런 결과를 초래할 수도 있는 것이다.

몽고메리 시로부터 배우는 외국기업 유치전략

인구 25만 명의 소도시인 미국 남동부 알라바마 주의 몽고메리 시를 가로지르는 65번 고속도로에는 한글로 "현대자동차를 환영합니다"라는 대형 표지판이 세워져 있다. 몽고메리 시는 2002년 미국 켄터키 주 글렌데일 시를 제치고 현대차 공장 유치에 성공한 지방자치단체이다.

알라바마 주 정부와 몽고메리 시청의 파격적인 지원으로 10억 달러를 투자하는 현대자동차는 현지에서 '왕'과 같은 대접을 받고 있다.

가령 몽고메리 시청은 66명인 현대자동차 파견 직원을 위해 '현대 가족 지원' 부서를 가동중이다. 이 부서의 직원 두 명은 아예 현대자동차 사무소에 상주하면서 현대 직원 가족들의 애로사항 '해결사'로 활동하고 있다.

이들은 주택 구입에서부터 전기, 가스, 물, 상·하수도, 쓰레기 수거 등 공공시설 신청 대행과 잡무(雜務)처리는 물론, 주재원 자녀들이 학교 버스를 탈 때 헷갈리지 않도록 하는 등의 사소한 문제까지 도와준다. 음악과 무용을 전공하려는 주재원 자녀들을 위해 몽고메리 심포니 오케스트라와 몽고메리 발레

단에 요청해 자녀들이 개인 레슨을 받는 데 지장이 없도록 하는 것은 '기본'으로 통한다.

　시 당국은 현대차로부터 공장 앞 도로 이름을 '현대 대로 (Hyundai Boulevard)'로 고쳐달라는 요청이 들어오자, 청문회를 열고 주민 의견을 수렴한 뒤 이를 승인했다. 현대차 울산공장 번지가 '700'인 점에 착안해 현지 공장 주소의 번지를 '700'으로 바꿔달라는 현대차의 요청도 받아들였다.

　또, 2002년 추석에는 주재원 가족들을 몽고메리 동물원에 초청, 동물원 측에서 음식을 직접 제공하는 '환대'를 베풀기도 했다. 한마디로 현대자동차라는 고객을 '감동'시키기에 충분한 노력을 펼치고 있는 셈이다.

　몽고메리 시 현대 가족 지원팀 진 샤보노(Charbonneau) 팀장은 "현대자동차 주재원 66명의 자녀 이름을 모두 외우고 있을 정도"라고 말한다. 심지어 교통법규를 위반해도 '현대(Hyundai)'라는 말 한마디면 무사통과다.

　휴스턴에서 몽고메리로 와서 현대자동차 공장을 방문한 한 청년이 늦은 저녁 식사 후 휴스턴으로 돌아가다가 과속으로 순찰차에 걸렸는데 "현대자동차에 일자리를 알아보려고 왔다"고 사정하자 교통경찰이 "한 번만 봐준다"면서 딱지를 끊지 않았다는 얘기까지 나돌 정도이다. 몽고메리 시장은 아예 현대자동차의 그랜저 XG 300을 타고 다닌다.

　한편 알라바마 주는 정부 부담으로 직업 훈련원생을 모집해 그 중 적임자를 훈련, 채용하도록 하는 프로그램을 진행하고, 1,000만 달러의 주 정부 예산을 들여 지역신문과 TV 등에 2003년부터 2년 동안 현대자동차 광고를 내주는 특혜를 약속했다.

더욱이 몽고메리 시 현대자동차 공장에는 한국에서 악명 높은 노동조합이 없다. 현대차 공장을 유치하면서 알라바마 주 정부가 노조 없는 공장 설립을 약속했기 때문이다. 1997년 알라바마 주에 입주한 메르세데스 벤츠의 M 클래스 공장에도 노조가 없다.

알라바마 산업개발훈련원(AIDT)의 게리 위버(Weaver) 프로젝트 매니저는 "한때 공장이 문을 닫으면서 많은 사람이 일자리를 잃었던 기억이 있는 주민들은 아침에 출근할 직장이 없다면 오히려 불만을 가질 것"이라며 "무노조 약속은 반드시 지켜질 것"이라고 장담한다.

알라바마 주는 우선 주 정부 재정에서 2,500만 달러를 떼어내 공장부지를 매입해 현대차에 제공했고 공장 건설공사비 가운데 1,250만 달러를 부담했다. 또, 자동차 생산 후 법인세 누적금액이 8,200만 달러가 될 때까지 법인세를 내지 않도록 해달라는 요청도 받아들였다. 소방서와 경찰서를 공장 근처로 옮겨달라는 요청도 수용했다.

주 정부는 이와 함께 고속도로에서 공장까지 들어가는 도로를 확장하는 비용(800만 달러)도 부담했다. 또, 철도가 공장 안에까지 들어갈 수 있도록 민간 철도회사와 협의를 이끌어냈다.

고속도로 65번과 331번 국도 사이, 현대자동차 공장이 들어서는 210만 평 터(여의도의 2배)에는 오는 2005년부터 신형 쏘나타를 양산할 예정인데, 알라바마 주가 현대자동차에 210만 평의 자동차 공장 터를 무상으로 내준 것은 원래 주 정부 헌법에 위배되는 것이었다. 처음에는 99년 동안 리스(lease)를 한다는 조건이었지만, 현대자동차가 소유권 이전을 요구하자 주 정부가 헌법을 개정해 현대에 소유권을 넘겨준 것이다.

현대자동차 알라바마 공장의 빌 랭 홍보 담당 매니저는 "현대자동차가 10억 달러를 투자하는 대신 (주 정부로부터) 각종 인센티브로 돌려받는 금액은 약 2억 5,000만 달러가 넘는다"고 말한다.

주민들의 '현대차 사랑'도 뜨겁다. 현대차 공장 건설이 확정된 뒤 몽고메리 시에서는 현대차 매출이 급증했다. 2,000명 채용 예정인 현대차 직원 공모에는 이미 2만 5,000명 이상이 지원했다.

이 같은 파격적인 투자유치가 어떻게 가능했을까? 사람들은 아마도 2003년 1월 임기를 마치고 퇴임한 지글먼 전 알라바마 주지사의 열성적인 노력이 없었더라면 이것이 불가능했을 것이라고 한다.

현대자동차가 2001년 4월 'V'라는 극비 프로젝트명으로 미국 현지 공장건설 작업에 착수하자 지글먼 전 주지사가 그해 11월 서울로 날아와 정몽구 회장과 김동진 당시 사장(현 부회장)을 긴급 면담했다. 이어 5개월 동안 지글먼 전 주지사와 알라바마 주는 현대차 공장을 유치하기 위해 총력전을 펼쳤다.

그는 현대차 공장을 유치하려면 상당한 특혜를 줘야한다는 점을 알라바마 주민들에게 알리고 설득했다. 또, 공무원들에게는 다른 주들보다 빨리 일을 처리하는 행정적인 지원을 독려했다.

현대차가 정해놓은 공장 유치 제안서 접수일을 며칠 앞두고 경쟁했던 켄터키 주가 공장건설에 1억 2,300만 달러의 인센티브를 제공하겠다고 전격 제안하자, 알라바마 주는 곧바로 1,000만 달러 규모의 추가 지원안을 던졌다. 지글먼 전 주지사는 또 "노조에 가입하는 근로자 수가 적고, 파업이 일어난 적이 한 번도 없다"며 현대차 측을 설득했다.

결국 지글먼의 승부수는 알라바마를 디트로이트에 이은 미국 자동차 산업의 새로운 중심지로 변신시키는 결정적인 전환점이 된 것이다.

2003년 10월 하순 서울에서 열린 제17차 한국과 미국 동남부 7개주 경협위원회에 참석하기 위해 방한한 밥 라일리 현 알라바마 주지사도 "외국기업 유치는 결코 간단한 일이 아니다. 교육, 의료, 교통 등 경제 외적인 지원은 물론 세제 혜택, 안정적인 노사문화 육성 등 모든 것에 사활을 걸어야 한다"고 강조했다.

무소불위의 제국(帝國)임을 자타가 인정하는 세계 최고의 초강대국인 미국의 지방 정부와 시민들이 이처럼 현대자동차의 직접투자에 열광하며 아낌없는 사랑을 쏟는 이유는 단 한 가지이다. 현대차 공장이 본격 가동할 경우 고용 증대로 대표

되는 지역경제 활성화 효과가 예상되기 때문이다.

현대차 관계자는 "자동차공장과 함께 부품공장까지 들어서면 모두 5,355개의 일자리가 창출되고, 총투자액도 부품제조업체를 합쳐 15억 달러에 이를 것"이라고 말했다.

미국 지방 주들의 발로 뛰는 외자유치

미국 각 주(州)의 지방 정부가 외국인 직접투자 유치를 향해 벌이는 경쟁은 한마디로 눈물겨울 정도이다. 2003년 9월 미국 미시간 주 정부의 승리로 끝난 현대자동차 기술센터 유치 노력도 그 중 하나이다.

미시간 주 정부는 2003년 9월 17일 현대차 미국 기술연구소가 다른 지역으로 옮겨가는 것을 막기 위해, 향후 12년간 2,200만 달러의 파격적인 세금 감면 혜택을 주기로 결정했다. 이에 따라 현대차는 17일 미시간 주에 있는 기술센터를 알라바마 주로 옮기려던 방안을 백지화하고 2005년에 1억 1,700만 달러를 들여 기술센터를 신축하기로 확정했다.

1986년 설립된 현대차 미국 기술센터는 41명의 연구원이 환경오염 방지기술 개발과 자동차 배출가스 검사 등을 담당하고 있다. 현대차는 당초 이 기술센터가 낡고 협소해, 현재 자동차 생산공장을 짓고 있는 알라바마 주로 센터를 이전해 생산 및 연구개발시설을 통합하는 방안을 검토했다. 그러자 미시간 주 정부가 현대차 고위층에게 서한을 보내고 다양한 투자촉진안을 제시하는 등 적극적인 노력을 펼쳤던 것이다. 미시간 주는 또 연도별로 현대차의 법인세를 감면해주는 등 절세 혜택을 준다는 제안까지 했다.

알라바마 주로부터도 다양한 투자유치 제안을 받은 현대차 측은 결국 이들 두 주의 제의를 면밀하게 비교 검토한 결과, 미시간 주의 제안을 받아들여 기술센터를 그대로 잔류시키기로 결정했다. 대신 기술센터 위치는 현재의 피츠필드 타운에서 가까운 슈피리어 타운으로 옮겨 시설 규모를 확장하기로 했다.

현대차 측은 "자동차 산업의 중심지인 디트로이트 인근에 기술센터를 둘 필요가 있고, 핵심 연구원들을 대거 이주시키는 일도 쉽지 않았다"라고 연구소를 옮기지 않은 배경을 설명했다.

현재 서울에 주 정부 사무소를 내놓고 적극적인 투자유치 활동을 벌이는 미국 지방 정부는 미주리, 뉴저지, 아이다호, 플로리다, 노스캐롤라이나, 워싱턴 등 15개에 달한다.

이들은 '무(無)노조' '공짜 땅' '가장 싼 세금과 전기료' 같은 파격적인 인센티브를 내걸고 동북아의 한 모퉁이에 있는 한국기업들을 끌어들이기 위해 팔을 걷어붙이고 있다.

KOTRA의 오영교 사장은 "세계 최강국 미국의 겸손하면서도 적극적인 외국인 직접투자 유치 노력과 지방자치단체 간의 불꽃 튀는 경쟁은 우리에게 많은 교훈을 시사하고 있다"고 지적한다.

우리의 나아갈 길

21세기 글로벌 시대를 맞아 외국인 직접투자는 돌이킬 수 없는 시대 흐름이자 경제의 트렌드가 되었다. 가장 값싸고 자기 기업을 대접해주는 곳에서 기업활동을 하겠다는 흐름을 꺾을 수 없기 때문이다. 더욱이 중진국 반열에서 선진경제로 한 단계 도약하고 국민소득을 배증시키겠다는 목표를 품고 있는 한국으로서는 반드시 성공적으로 쟁취하고 극복해야 할 과제이기도 하다.

하지만 한국의 상황은 극도로 열악하다. 외국투자를 유치하기는커녕 해외를 떠나는 국내기업들을 막기에도 힘이 부칠 정도이다. 노동집약적 산업은 물론 반도체, LCD 같은 우리 경제를 지탱하고 있는 첨단산업도 보따리를 쌀 채비를 하고 있다.

관세청 조사에 의하면 1997년 외환위기 발생 이후 해외로 생산설비를 옮긴 국내 기업체 수는 1998년 368개사에서 1999년 464개사, 2000년 623개, 2001년 814개, 2002년에는 1,070개사로 해마다 가파르게 늘고 있다.

2003년 들어 지난 9월까지 해외로 생산설비를 옮긴 기업체 수가 790개사임을 감안하면 지난 1998년부터 2003년 9월까지 모두 4,129개사의 기업이 국내에서 빠져나간 것으로 나타났다. 특히 이 중 중국으로 간 업체는 모두 2,921개사로 전체의 71%를 차지했다.

중국 상무부 자료를 분석해보아도 사정은 별반 다르지 않다. 2003년 들어 한국기업의 1일 평균 중국 투자건수는 12건, 금액으로는 1,258만 달러에 이를 정도이다. 더욱이 중국 지방정부들은 사스가 가시기 무섭게 2003년 하반기 들어 한국기업들을 자기 지역으로 끌어들이기 위해 '저인망식 사냥(헌팅)'을 하고 있는 지경이다.

한국에 들어온 외국기업도 사정은 비슷하다. 직·간접적으로 혹독한 노조 파업을 겪으면서 중국이나 홍콩, 베트남 같은 인근 국가로의 이전을 진지하게 검토하는 기업들이 늘고 있다. 이런 사태를 촉발한 이유는 높은 임금, 강성 노조, 정부 규제 등 여럿이다.

그러나 문제의 본질은 정부나 국민들의 기업관이 여전히 낙후돼 있기 때문이 아닐까 싶다. 노동자는 사회적 약자이며, 기업과 기업인은 지배계급이자 강자라는 2분법적 도식이 심리 저변에 깔려 있기 때문이라는 것이다. 중국에서는 사회주의자들이 자본주의를 만들고 한국에서는 사회주의자들이 자본주의 행세를 한다는 말처럼, 한국에서는 진정한 자본주의가 뿌리를 내리지 못하고 있다는 지적도 있다.

한국이 외국인 직접투자 문턱에서 도약하려면 구호만의 글로벌 경제가 아니라 경제와 기업을 보는 패러다임의 틀이 근본적으로 바뀌어야 한다고 생각한다.

예컨대 중국이 개혁개방 조치 10여 년 만에 세계에서 가장 투자하기 좋은 나라로 표변한 것은, 기업인을 '영웅'으로 대접하고 기업을 '중국을 움직이는 마차'로 대우하는 까닭이 크다. 중국의 각 지방 정부는 자기 성에 투자를 하려는 기업을 단순한 고객이 아니라 '상제(上帝)'처럼 모시겠다고 공언하고 있다.

일본인이 소니(SONY)에 엄청난 자부심을 느끼듯, 우리도 삼성전자나 LG전자를 존중하는 풍토가 정착돼야 한다. 물론 기업인들도 개발독재 시대의 유물과 잔재를 정리하면서 투명하고 공정한 선진적 지배구조와 경영에 박차를 가하려는 노력을 기울여야 한다.

이런 인식의 대전환이 이뤄지지 않는다면, 외국인 직접투자의 최대 전제 조건인 '기업하기 좋은 사회·경제적 인프라 구비'라는 다음 단계는 연목구어(緣木求魚)에 불과할 따름이다.

기업과 경제에 대한 국민적 합의가 이뤄지면서 동시에 외국인 직접투자 활성화를 위한 세부 각론적 논의와 탐색 그리고 실천이 이뤄져야 한다. 대한민국의 대통령이나 지방 시·도의 자치단체장은 군림하는 정치인이 아니라 발로 뛰는 '비즈니스맨'으로 역할을 다해야 함은 물론이다. 그리고 이 지도자들이 모름지기 철저한 경영 마인드와 봉사정신으로 무장해야만 경쟁국과의 외국인 직접투자 유치전쟁에서 승리할 수 있을 것이다.

그런 점에서 우리가 염원하는 외국인 직접투자 증가와 활성화는 단순히 몇몇 지도자나 정권, 정부 관계자들의 '업적'이 아니다. 오히려 한국민 전체의 바람직한 '변화'의 모델이자 한국의 선진경제 진입을 알리는 '청신호'라고 할 수 있다.

하루 빨리 그런 날이 오도록 정부와 기업인, 지자체 등 우리 모두 합심해 지혜와 노력을 모으면서 이를 행동으로 옮겨야 할 때가 아닐까? 세월은 더 이상 우리를 기다려주지 않는다.

외국인 직접투자 21세기 글로벌 트렌드

펴낸날	초판 1쇄 2004년 3월 15일
	초판 2쇄 2010년 8월 12일

지은이	송의달
펴낸이	심만수
펴낸곳	(주)살림출판사
출판등록	1989년 11월 1일 제9-210호

경기도 파주시 교하읍 문발리 파주출판도시 522-1
전화 031)955-1350   팩스 031)955-1355
기획·편집 031)955-1395
http://www.sallimbooks.com
book@sallimbooks.com

ISBN 978-89-522-0206-2   04080